아이의 사회력

가도와키 아쓰시 지음 | **김수희** 옮김

AK

일러두기

1. 이 책은 국립국어원 외래어 표기법에 따라 일본어를 표기하였다.

2. 본문 중, 역자 주로 표기된 것 외에는 모두 저자의 주석이다.
   *주석
   예)해발解發(특정한 반응이 일정한 시그널에 의해 유발되는 것-역자 주)

3. 서적 제목은 겹낫표(『』)로 표시하였으며, 그 외 인용, 강조, 생각 등은 따옴표를 사용하였다.
   *서적 제목
   예)『사람들은 왜 육아에 고민할까ヒトはなぜ子育てに悩むのか』,『표백당하는 아이들漂白される子供たち』

머리말

　"요즘 젊은이들은 도무지 이해가 안 된다", "애들이 변했다"는 이야기가 어른들 사이에서 자주 화제에 오르고 공통된 인식을 가지기 시작한 게 대략 언제쯤부터였을까. 그 시기를 명확히 짚어내는 것은 실로 어려운 일이다. 아이들이나 젊은이들에 대해 어떻게 인식하고 있는지는 사람에 따라 온도차가 있고, 설령 "요즘 아이들은 변했다"고 인식했다 치더라도, 변했다고 판단하는 구체적인 내용 역시 사람에 따라 제각각 다를 수 있기 때문이다.

　어디가 어떻게 바뀌었는지 완벽히 설명해낼 수는 없지만, 아이들이나 젊은이들의 어딘가가, 뭔가가 변하기 시작했을지도 모른다는 우려가 어른들 머릿속에 널리 퍼지기 시작한 시기가 있었다. 아마 1980년 무렵부터이지 않았을까. 젊은 세대들의 동향에 적지 않은 관심을 가지고 있는 사람들이라면 아직까지도 선연히 기억하고 있을 것이다. 1980년은 가와사키川崎 시에 사는 대학 수험생(삼수생)이

자택에서 자신의 양친을 금속 야구방망이로 때려죽인 살해사건이 일어났던 해다. 그 지경에 이르기까지 부모자식 지간에 엄청난 알력과 이루 다 말할 수 없는 경위가 있었다손 치더라도, 곤히 잠들어 있는 자신의 부모를 야구방망이를 휘둘러 죽인 사건이 실제로 일어났다는 사실은, 세간에 실로 엄청난 충격을 주었다.

1980년 무렵은 소년 범죄 건수가 종전終戰 후 제3의 절정을 향해 계속 증가하던 와중이었다. 과열된 수험 경쟁의 폐해가 학교폭력이나 가정폭력의 형태로 드러나고 있다고 파악되던 시기였다. 아울러 살해된 부친이 일류 대기업 엘리트 샐러리맨인 데다 경제적으로 유복한 중산층 가정이었기 때문에 한층 더 사람들의 이목을 집중시켰다. 좋은 환경에서 자란 아이가 어째서 자신의 부모를 살해하기에 이르렀을까. 의문은 깊어지기만 했고, 마침내 요즘 아이들은 도무지 무슨 생각을 하고 있는지 알 수 없다는 생각으로 증폭되어갔다.

그로부터 3년 후인 1983년 2월, 요코하마橫浜 시 야마시타 공원에서 더더욱 충격적인 부랑자 살해사건이 발생했다. 도심에 사는 중학생 5명을 포함한 14세부터 16세까지의 소년 10명이 공원에서 자고 있던 부랑자들을 괴롭히다 살해했던 것이다. 체포 후 진술을 통해 밝혀진 바에 따르면 그 아이들은 부랑자들을 인간이 아니라 검은 덩어리라고 간주하고 있었으며, 그런 '오물'을 처리해준 것이 어째서 문제가 되는지 도무지 알 수 없다고 말했다는 것이다. 이런 내용의 신문기사를 접한 순간, 아이들의 내면에서 분명 뭔가가 바뀌기 시작하고 있을지도 모른다는 생각을 떨쳐 버릴 수 없게 되었다.

　도대체 무엇이 변해가고 있는지, 그 점에 대해 충분히 고찰해볼 필요가 있다고 생각하고 '어린이 재고 노트'라는 노트를 만들기로 했다. '재고再考 노트'라는 거창한 이름을 붙이긴 했지만 기실은 A4 크기의 노트에 뭔가를 써둔 것에 지나지 않았다. 예를 들어 아이들이나 젊은이들을 둘러싼 여러 가지 기이한 현상이나 그들을 대상으로 한 조사 결과를 발표한 신문기사들, 혹은 학교나 가정이나 도심에서 청소년들이 일으킨 사건을 보도한 신문기사들을 발견하는 즉시 스크랩해두었고, 그 여백에 나름대로의 관점이나 해석도 메모해두었다. 현재 이런 노트는 24권째에 이르고 있다.

노트를 작성하면서 확고해진 생각은 요즘 아이들에게서 보이는 변화란 결국 타인에 대한 관심이나 애착, 신뢰감을 잃어버린 데 그 원인이 있다는 시각이었다. 자신이 평소 생활하고 있는 세계가 어떤 곳인지 자신의 몸으로 직접 실감할 수 없게 되었기 때문일지도 모른다는 생각이 들었다. 필자는 이런 변화를 '타인과 현실의 상실'이라는 표현을 통해 설명해왔다(『어린이와 젊은이의 '이계'子供と若者の〈異界〉』). 하지만 지금까지 해온 설명은 '아이들이나 젊은이들의 언동에서 보이는 새로운 현상' 그 자체에 대해 나름대로 해석해본 것에 지나지 않았다. 즉 어째서 그런 언동들이, 바로 지금 이 순간 요즘 젊은 세대 사이에서 확산되고 있는지, 그 구체적인 메커니즘을 사회 변화와 대응시키는 형태로 설명해낼 수 없었다.

필자의 전공은 '교육사회학'이라는 사회학의 한 분야다. 일본의 경우 교육사회학 관련 강좌나 담당교수 대부분이 대학의 교육학부에 소속되어 있기 때문에 '교육사회학'은 교육학의 한 분야로 간주되고 있는데, 이런 사정은 일본에서만 보이는 예외적 현상이다. 오히려 구미 각국에서는 사회학의 한 영역으로 취급되고 있기 때문이다. 그런 연유로 자연히 교육사회학자 자신도 교육학자라기보다는 사회학자라는 자각이 강하다. 일본의 교육사회학자들도 심정적으로는 외국 연구자들과 비슷할 것으로 생각된다. 이렇게 말하고 있는 필자 자신조차도 그런 의식이 사뭇 강하다.

이 책의 주제와 다소 무관한 소리를 하고 있는 것 같지만, 실은 결코 그렇지 않다. 필자가 말하고 싶은 바는, 요즘 아이들이나 젊은이들에게서 보이는 변화가 사회학자의 한 사람인 필자로 하여금 "사회적 인간으로 성장하고 있지 않은 게 아닐까"라는 강한 의구심을 불러일으킨다는 말이다. 타인에 대한 관심이나 애착, 신뢰감이 없고 자신이 살고 있는 현실세계에 대해 구체적인 이미지를 그려낼 수 없다는 것은 사회를 만들고 유지해가기 위해 필요한 뭔가를 잃어버리고 있다는 말이 될 것이다.

이런 현상은 '사회성의 결여'라는 말로도 설명할 수 있다. 실제로 그런 표현은 "요즘 젊은이들은 사회에 적응할 수 있는 자질이나 구체적인 노하우를 가지고 있지 않다!"란 탄식과 함께 '중앙교육심의회의 답신'을 비롯하여 여러 곳에서 지적되고 있는 바와 같다. 하지만 심리학자들의 견해를 바탕으로 한 이런 탄식이나 설교는 사회학자인 필자가 근심하는 바와 상당한 거리가 있다고 말하지 않을 수 없다.

"인간은 사회적 동물이다"라고 갈파한 사람은 그리스의 철학자 아리스토텔레스라고 일컬어지고 있다. 그 이후 사회학자뿐만 아니라 인간이나 인간 사회를 고찰하는 사람들 모두, '인간은 사회적 동물'이라는 대전제에 대해 추호의 의심도 없이 오늘에 이르렀다고 해도 무방하다. 인간의 사회적 행동에 관한 사회학의 무수한 이론들도 '인간은 사회적 동물'이라는 암묵적 전제를 바탕으로 구축되고 있으며, 사회 그 자체가 성립되는 여러 조건들을 고찰하는 사회철학자들도 '인간은 사회적 동물'이라는 사실을 믿어 의심치 않는 것 같다. 인간으로 태어났다면 누구라도 사회적 특성을 자연스럽게 익혀가기 마련이라고 생각하는 듯하다.

하지만 진정 그리 생각해도 좋을까. 현대에 태어난 아이들도 극히 자연스럽게 사회적 자질을 갖춘 사회적 동물로 성장하고 있다고 간주해도 좋을까. 곤히 잠들어 있는 자신의 부모를 야구방망이로 때려죽인 젊은이나 공원에서 노숙을 하고 있던 부랑자들을 검은 오물로 처리해버린 소년들의 내면에, 사회적 동물이라고 간주해도 좋을 뭔가가 배양되고 있다는 말일까?

애당초 사회적 동물이란 어떤 자질이나 능력을 가리키는 말일까? 그런 자질이나 능력이란 게 있다면 인간은 그것을 어떤 방법으로 익힐 수 있을까? 유전적으로나 선천적으로 가지고 태어난 것일까? 아니면 학습에 의해 후천적으로 획득해가는 것일까? 만약 후천적으로 학습해가는 것이라면, 그것은 아이의 신체 중 어떤 부분이 어떻게 작동함으로써 배양될까? 바로 그 부분이 적절하게 작동하기 위해서는 어떤 환경이 필요할까? 환경의 어떤 측면이 생체 기능의 어디와 어떻게 상호작용하며 사회적 동물로서의 자질이나 능력이 형성될까? 연령적으로 그 시기는 언제쯤일까? 사회적 자질이 형성되는 과정에 연령적으로 몇 가지 단계가 있는 걸까? 있다면 그 구분은 어떻게 되어 있을까?

이렇게 계속 생각해가다 보면, 조사하고 확인해야 할 의문들이 꼬리에 꼬리를 물고 나온다. 그런데 이런 의문들에 대한 답변을 얻고자 연관된 타이틀의 논문이나 책들을 찾아 읽어보면, 마치 구두 위에서 가려운 곳을 긁고 있는 형국의 것들이 대부분으로, 알고 싶은 것들에 대해 명쾌하게 설명해주는 연구 성과나 문헌들이 의외로 없다는 사실을 알게 된다. 그렇다면 결국 스스로 답을 찾아갈 수밖에 없을 것이다. 발달심리학자나 뇌 생리학자, 동물행동학자들이 행해왔던 연구들을 단서로 추론에 추론을 거듭하게 되었다. 이렇게 해서 앞에 나왔던 의문들에 대한 나름대로의 답변을 내놓은 것이 바로 이 책의 중핵 부분을 차지하고 있다. 말하자면 인간이 사회적 동물로 형성되어가는 메커니즘에 관해, 한 사람의 사회학자가 제시한 이론이라고 표현할 수 있을지도 모른다(그 때문에 본문 중에서 많은 문헌들을 인용하고 있는데, 권말의 '참고문헌' 일람에 망라해놓은 것들의 경우 출판사명을 생략하였다)

한편 이 책에서 필자는 사회적 동물, 혹은 사회적 존재에 합당한 인간의 자질 및 능력을 '사회력'이라는 용어로 설명했다. 바야흐로 심리학 분야의 전문용어가 되고 있는 감이 없지 않은 '사회성'이란 용어가 기존 사회에 개인적으로 적응하는 측면에 중점을 둔 개념임에 반해, 이 책에서 사용하는 '사회력'은 하나의 사회를 만들고 그 사회를 유지하고 운영해가는 힘이란 의미를 담고 있다.

의식적으로 이런 용어를 만들어 사용하고자 했던 이유는, 일본의 젊은이들에게 부족한 것이 비단 사회에 대한 적응력만은 아닐 거라고 생각했기 때문이다. 그보다는 자신의 의지로 사회를 만들어가겠다는 의욕, 그리고 그 사회를 유지하고 발전시키는 데 필요한 자질이나 능력이 오히려 더더욱 부족하다고 생각된다. 그렇다면 이런 자질이나 능력은 어떻게 만들어질까. 만약 이런 자질이나 능력이 젊은 세대에게 충분히 배양되어 있지 않다면, 그 원인은 과연 무엇일까. 이런 것들이 분명해지고 그런 인식이 공유될 때 비로소 사회력을 배양하기 위해 우리 어른들이 무엇을 해야 할지에 대해서도 합의를 이끌어낼 수 있다고 생각한다.

문부성이 외치는 '살아가는 힘'에는 이 책에서 말하는 사회력도 포함되어 있다고 할 수 있을 것이다. 아울러 살아가는 힘을 얻기 위해 가정과 학교와 지역이 연계해야 한다고 강조되고 있다. 하지만 정작 가장 중요한 점, 즉 왜 그렇게 해야만 하는지에 대해 논리적이고 설득력 있게 설명되고 있지 않다. 사회성 함양을 강조하면서도 그를 위해 부모나 교사들이 자신의 책임하에 무엇을 해야 할지 제대로 이해하지 못하고 있는 것이다. 그 때문에 정작 당사자들은 여러 가지 설에 귀를 기울이며 우왕좌왕하고 있는 것이 실상이지 않을까.

교육사회학자는 인간이 인간답게 형성되어가는 메커니즘에 비상한 관심을 기울이며, 그와 동시에 인간을 보다 인간적으로 길러낼 환경 조성이나 조건 정비에 대해서도 상당한 관심을 가지고 있다. 그런 까닭에 이 책의 마지막 장에서는 전반부에서 제시했던 이론을 바탕으로 아이들이나 젊은이들의 사회력을 보다 잘 신장시켜주기 위해 우리 어른들이 무엇을 해야 하는지에 대해서도 사견을 개진했다. 아울러 읽어주시길 바란다.

이 책의 내용이 많은 독자 분들에게 이해되고, 그를 통해 젊은 세대들에 대한 어른들의 접근 방식이 바뀐다면 저자로서 이보다 더 기쁜 일은 없을 것이다. 어른들이 그렇게 한다면 자연스럽게 젊은 세대의 건전한 육성으로 이어질 것이고, 그렇게 되면 우리 사회는 앞으로도 충분한 활력을 유지해가며 발전할 수 있는 길로 이어질 것이다. 물론 그 반대의 경우 역시 마찬가지다.

목차

제1장
양육 방식에 어떤 이변이 일어났을까

사회화와 사회화 이변

어떤 사회든지 그 사회에서 태어난 아이들은 건전한 사회 구성원이 될 수 있도록 길러진다. 영유아가 사회 구성원으로 성장해가는 과정을 사회학에서는 사회화라는 용어로 설명하고 있다. 사회화 과정에서 습득되는 내용이란, 예를 들어 그 사회에서 사용되는 언어를 배우고, 상황에 따른 행동 방식을 익히고, 그 사회의 선악 기준을 파악하고, 사회생활을 영위해가는 데 필요한 지식이나 기술을 마스터하는 것들이다. 아이들의 사회화와 밀접한 관련을 가진 존재는, 물론 그 사회의 구성원, 즉 어른들이다. 따라서 사회화되는 아이들이, 자신들로 하여금 사회화를 촉진시키도록 도와주는 어른들과 똑같이 사고하고 행동하고 똑같은 의미로 말을 사용하게 되면, 사회화 과정은 정상적으로 이루어진 것이라 볼 수 있다.

사회화가 정상적으로 이루어졌다면, 기성세대인 어른들이 후속 세대인 젊은 세대들에게 위화감을 느낀다거나 무슨 생각을 하고 있는지 알 수 없다며 한탄할 일도 없을 것이다. 하지만 사회화가 항상 순탄하게 진행될 거라는 보장은 없다. 사회가 급변하는 시대에는 기성세대와 젊은 세대 간에 사고방식이나 가치관의 차이가 발생하는 경우가 적지 않다. 기성세대는 보수적인 사고방식으로 행동하지만, 젊은 세대는 혁신적인 행동을 취하며 종종 어른들에게 반항적이다. 사회가 어떤 이상적인 상태로 변해가는 것이 바람직하다면, 가치관 등에 세대 간의 단계적 차이가 존재하고, 젊은 세대가 기성세대보다 상대적으로 혁신적일 경우는, 사회 발전이라는 측면에서 오히려 바람직한 일일 것이다.

하지만 일본에서 최근 2, 30년 동안 일어나고 있는 일들은 그런 것들과는 전혀 무관한 사태라고 할 수 있다. 세대 간에 보이는 자연스러운 차이라기보다는, 기성세대 입장에서 완전히 낯설고, 심지어 기이하게까지 보이는 현상들이 젊은 세대 사이에서 일어나고 있기 때문이다. 어른들의 기존 경험이나 발상에 견주어보았을 때, 전혀 생각조차 해볼 수 없었던 언행들이 아이들 사이에서 보이게 되었다. 게다가 그런 경향은 점차 확산되고 있다. 좀처럼 보기 드문 경제성장과 과학기술의 발전에 의해 아이들이 자라는 환경이 급변했기 때문에, 심지어 그 변화가 극히 단기간에 이루어진 것이었기 때문에, 아이들의 사회화 과정에 이변이라 할 만한 사태가 속출하여 오늘에 이르게 되었던 것이다.

구체적으로는 어떤 사태가 발생되고 있을까. 또한 그런 이변이 일어나는 것은 아이들의 무엇이 어떻게 바뀌었기 때문일까. 젊은 세대 사이에서 다양한 형태로 나타나고 있는 해괴한 사태의 저변에 공통적이고 중대한 어떤 변화가 일어나고 있다면, 그것은 과연 무엇일까. 이번 장에서는 우선 이런 관심을 바탕으로 사회화 이변이라고 간주되는 현상이나 사태에 대해 신생아 시절까지 거슬러 올라가 살펴보고자 한다. 사회화 이변은 세상에 태어난 아기들이 놓이게 된 환경이 급변했거나 아기들에 대한 어른들의 대응 방식이 변화했기에 발생한 경우가 적지 않다고 생각하기 때문이다.

1 옹알이에서 말하기 단계로 넘어가는 시기의
지체와 발육의 난조

감소하는 모성어

일반적으로 '모성어'라는 것은 그리 친숙하지 않은 단어다. 일본어 문화권에서도 모성어가 존재한다는 것을 실증적으로 보여준 동물행동학자 마사타카 노부오正高信男 씨에 의하면, 모성어라는 단어는 미국의 문화인류학자인 찰스 퍼거슨 교수가 만든 신조어 'motherness'에 대응하여 만들어진 것이라고 한다(마사타카 노부오『0세 유아가 언어를 획득할 때0歳児がことばを獲得するとき』). 바로 이 신조어를 만든 퍼거슨 교수가 직접 실시한 조사는 6가지의 서로 다른 언어 문화권에서 어머니가 아기에게 건네는 말들을 서로 비교한 것이었다. 연구 결과를 통해 도출된 것이 바로, 그 어떤 언어 문화권에서든 어머니가 아이에게 말을 걸 때는 공통된 특질이 있다는 사실이었다. 퍼거슨은 어머니가 아이에게 건네는 말의 특질을 모성어라는 용어로 표현했다. 퍼거슨 씨에 의하면 모성어의 특질이란 성인이 아기에게 말을 걸 때 ①일부러 더 높은 음, 더 큰 음조 영역으로 말한다, ②

동시에 목소리 억양을 과장한다, 등이었다.

마사타카 씨가 실증적으로 도출해낸 것은 일본어를 사용하는 일본인들 사이에서도 모성어가 빈번히 사용되고 있다는 사실만이 아니었다. 우선 마사타카 씨는 모성어가 음성에 대한 아기들의 주의력을 환기시키고 모친이 발하는 음성을 모방하도록 촉진시키는 중요한 기능을 하고 있다는 사실을 증명했다. 나아가 그는 수유기에 엄마의 젖꼭지를 빠는 동작을 통해 생후 2주 무렵의 아기들이 이미 매우 훌륭하게 엄마와 커뮤니케이션을 취하고 있다는 사실도 밝혀냈다. 그뿐만 아니라 끊임없는 실험들을 통해 생후 4개월 무렵의 아기의 경우, 목 울리기(쿠잉cooing)라는 의미 불명의 음성으로 모친이 발하는 언어를 모방하기 시작한다는 사실을 마침내 증명해낸 것이다. 이런 과정을 거쳐 아이들은 1세 전후에 이미 유의미한 말하기를 시작하는 것이다. 마사타카 씨의 이런 일련의 발견들은 아이가 사회적 동물로 성장해갈 때 어머니를 비롯한 주변 성인들과의 상호작용이 얼마나 중요한지를 일깨워준다. 그런 점에서 마사타카 씨가 행한 연구의 의의는 실로 엄청난 것이었다고 할 수 있다.

아이가 사회적 동물이 되어갈 때 어른과의 상호작용이 그토록 중요함에도 불구하고, 요즘에는 아기들에게 모성어를 사용하는 어른들이 적어지고 있다고 한다. 이런 사실을 확인한 사람 역시 마사타카 씨였다. 남녀 학생들의 도움으로 '그림책 읽기' 실험을 해본 결과, 상당수 학생들이 아기들을 상대로 모성어를 사용할 수 없었기 때문이다. 그리고 그런 학생들 중 대다수가 독자였다는 사실도 감지하게 되었다(마사타카 노부오『사람들은 왜 육아에 고민할까 ヒトはなぜ子育てに悩むのか』). 모성어의 역할이, 그것을 발하는 어른들의 음성에 대해 아기의 주의력을 환기시키고 그 음성을 모방하도록 촉진시키는 데 있었다는 사실을 떠올려보면 모성어를 사용하는 성인들이 줄어들었다는 것은 성인들과 유아들의 호응이 희박해지고 있다는 것을 의미할 수도 있다. 어른들과의 상호작용이 적어짐으로써 아이의 발달에 이변을 초래하게 되는 사례는 이 책에서 다양한 형태로 소개될 것이다.

텔레비전을 통해 배우는 유아어

심신 모두 정상적인 아이의 경우, 첫돌을 맞이하는 만 1세경이 되면 유의미한 단어를 띄엄띄엄 말하기 시작한다. 그리고 일반적으로는 1세 반부터 2세 전후가 되면 급격히 여러 단어들을 입에 담기 시작하다가 눈 깜짝할 사이에 본격적으로 말을 하기 시작해서 3살 정도가 되면 이미 어른들과 충분히 일상적인 대화가 가능해질 정도까지 된다. 물론 1세가 되기 전 '옹알이'라고 일컬어지는 '아—'라든가 '우—' 등의 무의미한 음성을 발하는데, 최근 "냠냠", "맘마", "멍멍" 등 유의미한 말하기 단계로 넘어가는 시기가 늦어지고 있다는 보고가 증가하고 있다. 이는 0세부터 시작된 '장시간의 텔레비전 시청'에서 그 원인을 찾을 수 있다고 추측되고 있다. 요컨대 텔레비전을 보는 시간이 길어질수록 주위 어른들이 아이들에게 말을 걸 기회가 줄어들기 때문에 이로 인해 결과적으로 말하기 단계로 접어드는 시기가 늦어지게 된다는 말이다(이와사 교코岩佐京子『텔레비전이 유아를 망친다!!テレビが幼児をダメにする!!』).

말하기 단계로 접어드는 시기가 조금 늦어질 수는 있다. 그러므로 이를 가지고 이변이라고 말한다면 이 역시 지나친 표현일 것이다. 하지만 유아가 처음으로 발한 단어가 어른들의 입에서 직접 나온 말이 아니라 텔레비전을 통해 들은 말이라면 어떨까. 이 경우라면 역시 이변이 일어났다고 말하지 않을 수 없을 것이다.

원래 아기가 입에 담는 첫 단어에는 전 세계 어느 사회든지 공통점이 있다고 한다. m, p, b 등의 음성으로 시작되며, 의미하는 내용은 엄마나 먹거리, 주변에 있는 동물들이나 장난감 등이다.

1983년 도쿄東京 분쿄文京 구 소속의 보육연합회는 당시 쓰쿠바筑波대학 대학원에서 심리학 연구를 하고 있던 노무라이 히토시村野井均 씨의 협력을 얻어 분쿄 구 안에 있는 유아들의 생활과 텔레비전 시청에 대한 실태조사를 실시한 적이 있다. 분쿄 구 안에 있는 보육원 아동 약 1,500명의 보호자들을 대상으로 실시한 조사의 질문 문항에는 "자녀 분이 맨 처음 말한 단어로, 음이 명확해서 의미까지 알아차릴 수 있었던 단어는 무엇입니까?"란 질문도 들어 있었는데, 그에 대한 답변을 살펴보면 명백히 텔레비전의 영향으로 간주되는 단어들이 적지 않게 포함되어 있었다. 예를 들어 괴물, 뽀빠이, 고론타(NHK 유아 대상 프로그램 고론

타 극장의 메인 캐릭터-역자 주), 핫토리 군(만화나 애니메이션 등 다
양한 형태로 나온 '닌자 핫토리 군' 시리즈에 등장하는 주요인물-역자
주), '옛날 옛적에' 등이다. 광고에 나오는 말이 그대로 아
이들이 처음으로 발하는 단어가 된 케이스도 있었다고 보
고되고 있다(아사히신문사 사회부 편『어린이 신시대子ども 新時代』).

이 조사에서는 자녀들의 당시 모습을 묻는 질문도 있었
다. 그 답변에 의하면 처음으로 말하기 시작할 때 뭔가 이
변이 보인 아이들의 경우 "말이 느리다" 외에 "시선을 잘
맞추지 못한다"든가 "주위 사람들에 대해 무관심하다"고
파악된 비율이 다른 아이들보다 월등히 높았다. 말하기
단계로 넘어가는 과정에서 이변을 보일 경우, 이는 텔레비
전 시청 시간과 결코 무관하지 않음을 보여주고 있다. 동
시에 주변에 있는 어른들과의 상호작용이 불충분하다는
것과도 긴밀한 연관성을 가지고 있음을 알 수 있다. 0세 아
이들 입장에서 성인들과의 교류가 적어지는 것이 아이의
사회력을 배양하는 데 커다란 장해가 된다는 사실에 대해
서는 제3장에서 보다 자세히 살펴보기로 하겠다.

2 활동량의 저하가 초래하는 무기력화

아이들의 활동을 제약하는 텔레비전 미디어

현재 0세 유아 대부분이 상당히 이른 시기부터 텔레비전을 본다는 것은 바야흐로 모든 사람이 주지하는 사실이 되었다. NHK 여론조사소에서는 지금까지 몇 회에 걸쳐 수유기 유아의 텔레비전 시청 시간을 조사해오고 있는데, 1981년에 실시한 조사 결과만 살펴봐도 0세 유아(4개월 이상)의 50%가 이미 텔레비전을 보고 있었으며 하루 평균 시청 시간은 2시간 20분에 달했다. 하지만 1세가 되면 텔레비전을 보는 유아들이 80%로 늘어나 있었고, 시청 시간도 무려 2시간 48분에 달했다. 연령이 높아질수록 시청하는 유아들의 비율과 시간 모두 확연히 증가하고 있는 것이다. 요컨대 태어난 지 얼마 안 되는 아주 이른 시기부터, 아이들은 이미 텔레비전에 상당히 노출되어 있다는 말이 된다.

한편 텔레비전이라는 전파 미디어는 아이들 입장에서 매우 접근 용이한 장치라는 점에 가장 큰 특징이 있다. 예를 들어 똑같은 아동용 미디어라도 그림책의 경우, 그에 접근하기 위해서는 읽고 쓰는 능력을 익힐 필요가 있고 심지어 그때그때 구입해야 한다는 번거로움도 있다. 그러나 텔레비전의 경우 집안 한쪽 구석에 설치된 화면 가까이로 가서 스위치 버튼을 살짝 누르기만 해도 곧바로 영상에 접근할 수 있다. 가까스로 혼자 걸을 수 있게 된 첫돌 갓 지난 아이가 혼자서 텔레비전의 스위치를 켜고, 심지어 채널까지 조작하는 장면을 목격한 적이 있는 성인들이 적지 않을 것이다.

텔레비전이라는 미디어 장치가 아이들 입장에서 지극히 접근 용이한 장치라는 점은 아이들이 다른 활동을 선택할 가능성을 현저하게 좁혀버린다는 것을 의미한다. 텔레비전을 보는 것이 아이들 입장에서 유쾌한 행위이며 심지어 보고 싶을 때 언제든지 볼 수 있다면, 장난감을 가지고 놀거나 고양이를 쫓아다니거나 엄마한테 안아달라고 졸라대는 행위를 선택하는 것보다 훨씬 간단하다. 자연히 텔레비전을 보는 행위를 선택하게 될 것이다. 텔레비전을 보기 위해 굳이 몸을 격렬히 움직일 필요도 없다. 그저 화면 앞에 앉아 가만히 꼼짝도 하지 않고 있으면 된다. 장시간 계속 그런 자세로 있으면 결과적으로 아이들의 신체 활동이 매우 줄어들게 될 것이다. 몸을 움직여 다른 사람들이나 바깥세상과 상호작용을 시도할 기회도 적어진다. 그런 생활이 일상이 된 탓인지, 현재 아이들의 체온은 낮아지고 있으며 병에 걸리기 쉬운 체질이 되었다는 보고도 적지 않다(전게 『어린이 신시대』).

포켓몬 쇼크의 교훈

1997년 12월 16일 오후 6시 50분경의 일이다. 일본의 민영 방송국 TV Tokyo 계열에서 방영되던 인기 애니메이션 《포켓몬스터》를 보고 있던 아이들이 갑자기 의식을 잃거나 경련, 마비, 구토, 토혈 등을 일으키며 구급차 등을 타고 병원으로 후송되는 소동이 일어났다. 그 후 신문사가 실시한 조사에 의해 병원에서 응급처치를 받은 인원이 전국적으로 총 736명에 달했다는 사실이 밝혀졌다. 대부분 초등학생이나 중학생이었지만, 개중에는 고등학생이나 19세의 여성도 있었다. 전문가들의 조사에 의해 그 원인은 '광과민성 발작'으로 밝혀졌다. 특정한 빛의 자극에 아이들의 뇌 중추신경이 과도하게 반응하여 일시적인 발작 상태에 빠졌고 이로 인해 정신을 잃거나 신체에 마비가 온 것이다. 취재를 위해 문제가 된 '포켓몬 제38화'를 직접 본 요미우리読売신문사 사회부 기자는 해당 장면이 성인 인 자신에게도 "상당한 피로감을 느끼게 하는 것"으로 "어 른들이 계속 보기에도 힘겨운 것"이었다고 시청 체험에 대해 보고하고 있다. 해당 텔레비전 애니메이션은 화면이 단시간에 계속 바뀌었고 색의 변화도 격렬했으며, 특히 발 작을 일으키게 했던 핵심 전투 장면은 빨간색과 파란색 빛 이 빠른 속도로 점멸하는 순간 영상들이 이어졌다(요미우리 신문, 1997년 12월 18일자).

가사 일 때문에, 너무 바쁘다는 핑계로, 아이들을 텔레 비전 앞에 앉히고 스위치를 켜준 채 그대로 방치하는 어머 니들이 적지 않다. 이른바 "텔레비전한테 아이를 봐달라 고 하는" 육아다. 이 순간 어머니들은 아이들이 잠시 텔레 비전을 본다고 별일이야 있겠느냐고 안이하게 생각한다. 하지만 텔레비전을 보라고 하는 것은 아이들 입장에서 생 리적으로 커다란 부담을 강요받는 셈이다.

미국의 여성 저널리스트 케이트 무디 씨는 텔레비전 시 청이 아이들에게 미치는 누적효과를 조사하여 그 결과를

『텔레비전 안에서 자란 아이들』이란 책으로 내놓았다. 흥미로운 데이터가 다수 소개되고 있는데 그중 그녀가 '좀비 차일드(넋을 잃은 아이)'라고 명명한 대목이 있다. 그 내용에 따르면 텔레비전이 발하는 빛과 음의 홍수라고 할 만한 자극들은 아이들의 수용능력을 하염없이 초월한 과잉자극이기 때문에, 아이들은 이런 지나친 자극으로부터 몸을 보호하기 위해 뇌 내부를 α(알파) 파로 바꾸어 일종의 수면 상태에 들어가려고 한다는 것이다(후지타케 아키라藤竹曉『텔레비전 미디어의 사회력テレビメディアの社会力』).

물론 이런 지적은 무디 씨의 추측에 의한 것이 아니라, 미국이나 오스트레일리아의 심리학자들이 실시한 실험 결과를 토대로 한 것이었다. 수면 상태에 빠진 아이들은 결국 텔레비전이 발하는 일방적이고 지나치게 강한 자극으로부터 자신의 몸을 보호하기 위해 외부로부터의 자극에 전혀 반응하지 않게 된다. 그렇게 반응하지 않는 상태가 습성이 되어 굳어지면 이번에는 텔레비전을 보지 않았을 때에도 외부로부터의 자극에 반응하지 않게 된다는 이야기다. 이렇게 되면 어머니가 뭔가 말을 걸 때도 답변을 안 하는 등, 반응이 둔감해지고 그 이후의 발달에도 큰 지장을 초래한다고 지적되고 있다. 포켓몬 쇼크 소동은 텔레비전의 영향 따위 대수롭지 않다고 생각하던 관계자들에게, 텔레비전이 아이들에게 미치는 자극의 강도가 얼마나 큰지 제대로 재인식시켜준 사건이었다.

경시할 수 없는 텔레비전 시청 누적효과

무디 씨의 보고 내용에 대해 좀 더 살펴보자. 빛과 음이 끊임없이 계속되는 텔레비전으로부터의 지나친 자극은 아이들로 하여금 넋을 잃은 상태(좀비 차일드)로 만들 뿐만 아니라, 의사가 '텔레비전 증후군'이라 명명한 증상을 초래하기도 한다. '텔레비전 증후군'이란 몇 초 이상 뭔가에 주의력을 유지하지 못한 채 금방 싫증을 내버린다거나, 침착하게 가만히 앉아 있을 수 없다거나, 공격적인 행동을 억누를 수 없는 증상을 말한다.

실은 일본에서도 이와 비슷한 결과를 도출한 조사가 실시된 적이 있었다. 다른 곳도 아닌 바로 문부성에 의해 1958년부터 1960년에 걸쳐 도쿄, 홋카이도 등 총 8곳의 초등학생, 중학생, 고등학생 2,800명 이상을 대상으로 텔레비전 영향력 조사가 실시되었다. 조사 마지막 해인 1960년에는 장시간 텔레비전을 시청한 아이들의 성격이나 태도에 대해 상세한 조사보고서를 내놓고 있는데, 그 핵심 내용을 살펴보면 다음과 같다.

(1) 장시간시청 아동(하루 3시간 이상 시청)은 보통시간 시청 아동에 비해 상당히 불안해하는 경향이 있다.

(2) 장시간시청 아동은 비교적 우울 성향은 적지만 기분 변화가 크고 예민하며, 주관적이고 비협조적이다. 일반적 활동성이나 사고 관련 활동성이 부족하여 지배적이면서도 동시에 내향적인 경향을 보인다.

(3) 교사들의 평가에 의하면 장시간시청 아동에게서는 사회성, 자신감, 친절함, 연장자에 대한 존경심, 협조 성향, 책임감, 인내력, 학습의욕 등 여러 관점에서 문제가 있는 경우가 다소 많았다. 이에 따라 교실에서의 태도도 불량스러운 경우가 비교적 많았다.

보통시청 아동들과의 차이가 절대적인 것은 아니라고 하면서도, 이 보고서는 한동안 '대외비' 취급을 받았으며

(전게『어린이 신시대』), 무슨 이유에서인지 그 후 오랫동안 문부성은 텔레비전 영향력 조사를 실시하지 않고 있다.

 이런 실험이나 조사가 상당히 이전 데이터라는 점에 주목해야 할 것이다. 텔레비전은 그 후 방송국이나 채널 숫자, 방영 시간 모두 계속 증가되어 오늘에 이르고 있기 때문이다. 텔레비전은 이미 우리 일상 속에 있는 공기 같은 존재가 되었다. 그런 텔레비전을 아이들이 매일같이 몇 시간이나 계속해서 시청했을 경우, 그 누적효과는 상당할 것이다. 평소 공기에 대해 크게 개의치 않는 것처럼 우리들은 바야흐로 텔레비전의 존재조차 인식하지 못하게 되었다. 하지만 텔레비전 시청을 계속함으로써 초래되는 아이들의 사회화 이변을 결코 경시해서는 안 될 것이다. 학급붕괴의 계기를 만드는 아이들의 행동 특성이 '텔레비전 증후군'이라 불리는 증상과 지극히 비슷한 만큼, 다시금 텔레비전 시청의 누적효과에 대해 주의를 환기해두고 싶다.

3 '보통 아이'의 자폐아동화 경향

요즘 젊은이들이나 어린이들의 사고방식, 행동 특성을 특징짓는 표현은 상당수에 이른다. 모라토리움 인간, 캡슐 인간, 신인류, 피망(처럼 알맹이가 없는) 인간, 지시 대기 세대, 오타쿠, 자기중심 아동 등이 그런 예들이다. 그중 하나에 '자폐증 인간'이 있다. 아마도 이런 이름을 지은 사람은 평론가 가와모토 사부로川本三郎 씨일 것이다. 가와모토 씨는 히노 게이조日野啓三 씨의 소설에 나오는 주인공들의 특성을 분석하는 과정에서, 감정을 품은 인간관계에 서툴기 때문에 굳이 말을 걸 필요가 없는 기계를 상대하는 편을 훨씬 홀가분해하며 오디오 한 대만 있으면 몇 시간이든 거뜬히 홀로 있을 수 있는 인간을 '자폐증 인간'이라 부르고 있다(가와모토 사부로『도시의 감수성都市の感受性』).

사실 사회력이 없는 전형적인 인간이 바로 '자폐증 인간'일 거라고 말해도 결코 지나친 표현은 아닐 것이다. 그리고 요즘 우리 주변에 혹시 자폐증일지도 모른다는 생각이 드는 아이들이나 젊은이들이 늘고 있는 것도 사실이다. 그래서 이번에는 자폐아동에 대한 탁월한 고찰을 심화시키고 있는 구마가이 다카유키熊谷高幸 씨의 저작물을 바탕으로 자폐아동의 특징과, 이른바 '보통 아이'가 자폐아동처럼 변하는 현상의 원인에 대해 생각해보고자 한다.

자폐아동의 특징

자폐증autism이라 불리는 증상을 보이는 일군의 아이들이 존재한다는 것을 맨 처음 세상에 알린 사람은 미국의 정신의학자 레오 카너Leo Kanner였다. 무려 1943년의 일이었다. 카너가 발표한 논문「정서적 교류의 자폐적 장애」가운데 소개된 11명의 아이들이 훗날 '초기 유아 자폐증'이라고 명명된 아이들이었다.

자폐아동의 첫 번째 발견자라고 일컬어지는 카너에 의하면 이런 아이들은 몇 가지 특징을 가지고 있다고 한다. 우선 ①다른 사람과 함께 있을 때 시선이나 표정을 통한 정서적 교류가 부족하다, ②언어 사용 방식이 왜곡되어 있는 경우가 있다, ③물건을 빙빙 돌리는 등 동일한 행동을 반복한다, ④일반 사람들과 똑같은 생활 사이클 안에 들어오지 않는다, ⑤어떤 사물에 대한 특별한 기능이나 탁월한

기억력을 가진다(구마가이 다카유키『자폐증으로부터의 메시지自閉
症からのメッセ-ジ』).

　구마가이 씨는 카너의 진단 이후 매우 다양한 진단 방식
이 시도되었지만, 그중 오늘날 가장 일반적으로 사용되고
있는 것은 영국의 러터Rutter의 진단 항목이라고 소개하
고 있다. 다음의 네 가지로 구성되어 있다고 한다. ①생후
30개월 이내에 증상이 시작된다. ②사회적 발달에 장애가
보인다. ③언어 발달에 지체와 편중이 보인다. ④동일성
에 대한 집착이 보인다.

　이 가운데 특히 주목하고 싶은 것은 사회적 발달과 언어
발달의 지체다. '사회적 동물'이 인간으로서의 필수 조건
이라고 한다면, 자폐아동에게서 발견되는 사회적 자질의
지체가 무엇에 기인하는지에 대한 해명은, 현대 아이들의
사회화 이변을 이해하는 데 더할 나위 없이 중요한 실마리
가 될 거라고 생각한다.

자폐아동이 생겨나는 구조

사회적 자질에 현저한 지체가 보이는 자폐아동은 어떤 원인에 의해 생겨날까. 자폐아동을 세상에 소개했던 카너는 육아 환경에 문제가 있었을지도 모른다고 생각했다. 자폐증의 예로 거론된 총 11명의 아버지 모두가 예외 없이 인텔리였고, 양친 모두 차가운 인상을 주는 사람들이었기 때문이었다. 그들의 양육 방식은 아이와의 접촉이나 커뮤니케이션이 적었다. 이 때문에 아이들과 양친 사이에 '정서적 교류의 장애'가 생겨버렸고, 그 결과 아이들이 마음의 문을 닫고 양친과는 별개의 세계로 가버렸다고 생각했던 것이다. 하지만 그 후 뇌의 장애가 주요 원인인 예가 다수 보고되어 카너의 설은 부정되기에 이르렀다.

자폐아동이 되는 주요 원인이 '뇌의 장애'에 있다면 어째서 언어나 인지, 혹은 정서 발달의 지체로 이어지는 것일까. 언어나 인지의 지체가 정서 장애를 초래하는 것일까. 아니면 정서 장애가 언어 등의 지체를 초래하는 인자가 되는 것일까. 이런 의문을 둘러싸고 격론이 벌어지게 되었는데, 최근의 신경생리학 연구 성과가 명확히 밝힌 내용을 근거로 구마가이 씨는 자폐아동이 생겨나는 메커니즘을 마침내 밝혀냈다. 그 핵심 부분을 필자 나름대로 정리해서 설명해보면 대략 다음과 같다.

(1) 태어나기 전이나 생후 얼마 되지 않은 시기에 인간의 욕구나 감정, 본능적인 사회적 행동의 발생 근원인 뇌의 심부에 장애를 입는다.

(2) 뇌의 심부에 입은 장애에 의해 아이에게 선천적으로 갖추어져 있는, 외부 세계로 소통하는 기능이 개발되지 못한 채 그대로 멈춘다.

(3) 선천적으로 외부 세계로 소통을 시도하는 활동이 둔화되며, 다양한 정보처리 기능을 가지고 있는 대뇌피질의 활동을 둔화시킨다(미에린화 부전myelin化不全).

(4) 대뇌피질의 기능이 정상적으로 작동하지 않기 때문에, 신체나 감각기관을 이용하여 현실 세계를 향해 행동을 일으키고, 자신이 행한 행동에 대한 반응을 반복적으로 뇌로 피드백하는 행위를 통해 구축되는, 실천적인 뇌의 성립이 그 기능을 다하지 못한 채 그대로 멈추게 된다.

자폐아동이 생겨나는 메커니즘을 이렇게 생각한 구마

가이 씨는 이와 아울러 (a)인간의 뇌가 구조적으로 지극히 복잡하다는 것, 게다가 (b)아이가 생후 거의 1년 정도 동안 자유롭게 행동할 수 없는 상태에 놓여 있다는 것, 등이 자칫 자폐아동을 만들 수 있다고 지적했다. 보통 아이가 자폐아동이 되는 구조를 고찰할 때, 이것은 지극히 중요한 시사점을 제공한다.

증가하는 후천적 자폐아동

앞에서 자폐아동이 어떻게 생겨나는지에 대해 살펴보았다. 진정한 의미에서의 자폐아동은 생전, 내지는 탄생 직후 받았던 '뇌의 심부 장애'가 원인으로 발생한다는 것을 알 수 있었다. 이른바 불가항력이라고 말할 수밖에 없는 성질인 것이다. 하지만 다행스럽게도 자폐아동이 되는 원인이 결코 부모의 양육 방식 탓은 아닌 거라고, 과연 장담할 수 있을까. 최근 '보통 아이' 가운데 자폐아동이 되는 경우를 찾아볼 수 있기 때문이다. 뇌에 장애를 입은 것이 아님에도 불구하고, 변화하는 사회 환경 속에서 생활 방식이 급변하면서 자폐아동과 지극히 유사한 증상을 보이게 된 아이들이 늘어나고 있다.

그렇게 생각하게 된 데는 미사와 나오코三沢直子『살의를 그려내는 아이들殺意をえがく子どもたち』이란 책을 통해 소개되고 있는 초등학생들의 그림을 본 것이 계기가 되었다. 미사와 씨는 20년 이상, 심리상담사로서 아이들이나 어머니들의 고민 상담에 종사해왔던 분이다.

저자인 미사와 씨에 의하면, 1990년경부터 우주인인가 싶을 정도의 비정상적 어머니나 아버지를 발견하는 일이 잦아지면서, 그와 동시에 여유롭게 지내야 할 유아기·아동기에 온종일 영어 공부에 시달리는 아이들, 온갖 조기교육 교실에 끌려 다니는 아이들, 부모의 기대에 부응하지 못한다는 이유로 부정적인 취급을 받는 아이들이 많아지고 있다는 사실도 알게 되었다는 것이다. 그 와중에 보모 연수회 등에 참가해보면, 해마다 가정에서 학대받는 아이들에 대한 보고가 증가하고 있었다. 그런 보고를 다수 접하게 된 미사와 씨는 보육시설처럼 개방된 곳에서도 학대가 발견된다면 밀실처럼 폐쇄된 집에서 부모와 단둘이서만 지낼 경우는 오죽할까 싶었다는 것이다. 미사와 씨는 학대받는 아이들이 훨씬 많을 수도 있다는 생각을 하게

1997년 남자	1981년 남자
1997년 여자	1981년 여자

그림 1 묘화 테스트를 통해 본 초등학생 그림의 변화 (미사와 나오코 『삶의
를 그려내는 아이들』)

되었다. 그리하여 아이들이 실제로 어떻게 자라고 있는지
조사해보고자 시도한 것이 바로 '통합형 HTP법'이란 묘화
테스트라고 한다. 묘화 테스트란 간단히 말하자면 아이들
에게 "집과 나무, 사람을 넣어 마음껏 그림을 그려주세요"
라고 지시한 후, 아이들에게 그림을 그리게 하는 검사법을
말한다. 1981년과 1997년, 도쿄 서부에 있는 초등학교 4
곳의 1학년에서 6학년까지 한 반씩 그리게 했던 그림 중,
6학년 남녀 1장씩을 예로 든 것이 그림 1이다.

이런 그림들을 보면 요즘 학생들이 그린 그림에 리얼리티(현실미)가 없어졌다는 점을 금방 알아차릴 수 있다. 특히 사람에 대한 묘사 방식이 지나치게 소홀하다. 너무 대충 그리고 있는 것이다. 이것은 어떤 심리 상태를 말해주고 있을까. 미사와 씨는 "자기 자신이나 타인에 대한 생생한 관심이나 실감이 사라져버렸기 때문"이라고 말한다(전게서). 초등학생들에게 HTP 법으로 그림을 그리게 하면, 기존에는 자신이나 친구들, 혹은 형제 등 구체적인 인물을 그리는 것이 보통이었는데, 최근에는 그린 사람 본인에게 "이 사람은 누군가요?"라고 질문하면 "모른다", "아무도 아니다", "그냥 사람"이라고 답하는 아이들이 무척 많아졌다는 것이다. 이미 살펴본 것처럼 자신 주변에 있는 사람은 물론, 인간 그 자체에 관심이나 애착이 없다는 것이 자폐 아동의 특징이었다.

　그림 2는 구마가이 씨가 자폐아동이 그린 그림이라고 소개한 것이다. 그림 안에 인간이 묘사되고 있지 않다. 설령 인간이 묘사되어 있다 해도 거리 풍경에 비하면 인간을 묘사하는 방식이 극단적으로 기호화되어 있음을 알 수 있다. 그림 1과 비교해보면 심리 상태가 자폐아동의 심리에

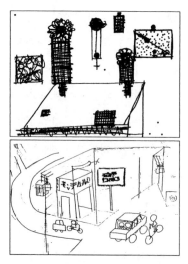

그림 2 자폐아동이 그린 그림 (구마가이 다카유키『자폐증으로부터의 메시지』)

한없이 근접해 있는 '보통 아동'이 확실히 증가하고 있다는 사실을 알 수 있다. 아마도 영유아기부터 부모나 주변 사람들과의 관계가 희박했고 성정과정 내내 거부적인 관계가 계속되었기 때문에, 결국 집이나 사람들을 그린 그림에 리얼리티가 부족해졌다고 말할 수 있을 것이다.

4 확산되어가는 인간혐오

지워진 사람의 그림자

정신과 의사이자 '문화정신 의학자'이기도 한 노다 마사아키野田正彰 씨는 현대사회를 살아가는 일본인들의 마음 깊숙한 곳을 문화인류학 수법과 정신의학 시점에서 정력적으로 분석해오고 있다. 그런 노다 씨가 현대 도시 환경 아래서 살아가는 아이들의 내면을 명쾌하게 분석해낸 것이 『표백당하는 아이들漂白される子供たち』이란 저서였다. 아이들의 내면을 해독하기 위해 노다 씨가 활용한 것이 본인 스스로 '사진투영법'이라고 명명한 새로운 방식이었다. 이 방식은 아이들에게 36장짜리 필름을 두 개 주고, 평일과 휴일 이틀간 '하루 생활과 내가 좋아하는 것'이란 주제로 사진을 찍게 하고서, 아울러 사진을 찍은 날의 행동을 기록해오도록 한 후, 찍힌 사진들을 행동 기록과 서로 대조하며 분석한다는 것이다.

노다 씨는 도쿄, 교토, 오사카, 고베의 초등학생·중학생 30명이 찍은 사진과 제공된 행동 기록을 분석했다. 이를 통해 명확해진 아이들의 생활과 내면에는 어떤 특징들

이 보일까. 나름대로 정리해보면 다음과 같은 세 가지로
축약된다.

(1)아이들의 생활이 제각각 단편적으로 분리되어 살아 있다는
　충만감을 가질 수 없게 되었다.
(2)생활공간에서 살아 있는 인간이 배제되고 있다.
(3)지워진 인간을 대신해서 여러 가지 사물이나 미디어가 생
　활공간을 가득 메우고 있다.

　이런 특징들 중에서 특히 주목되는 것이 바로 (2)번 내
용이다. 아이들이 자신들의 세계로부터 인간을 배제하고
있는 점이다. 노다 씨 본인도 "30명 가까운 아이들이 찍은
사진들을 넘겨 보다 도무지 인기척을 찾아볼 수 없는 사진
들이 상당히 많다는 사실에 새삼 놀라지 않을 수 없었다"
고 쓰고 있다. 확실히 그림 3에서 제시한 사진들처럼 사람
이 찍히는 것을 애써 회피한 사진들이 많았다. 현대 아이
들의 내면에서 타인이나 살아 있는 인간들이란 가능하면
소거해버리고 싶은 존재에 불과하다는 사실이 이런 사진
들 속에 투영되어 있다고 말할 수 있을 것이다. 노다 씨는

그림 3 아이들이 찍은 인기척이 없는 사진 (노다 마사아키 『표백당하는 아이들』)

초등학교 5학년생 여학생이 "뭐든 지워버릴 수 있는 지우개가 있다면"이란 과제의 작문에서 지우고 싶은 대상으로 선생님, 심술꾸러기 반 친구, 친구, 아버지, 어머니, …… 등 주변 가까이에 있는 인간들을 열거하고 있다는 사실도 소개하고 있다. 인간들로부터 회피하고자 하는 현대 아이들의 심정이 상당하다고 말하지 않을 수 없다.

최근 아이들은 어째서 인간을 기피하는 것일까. 이런 측면에서도 필자는 "현대 아이들에게 공통된 체험은 바로 이지메다"라는 노다 씨의 지적에 주목하고 싶다. 대학생 400명 정도에게 대학에 입학할 때까지의 생활의 역사를 쓰도록 한 노다 씨는 대학생들의 리포트를 읽어가며 그들에게도 '이지메'라는 공통의 '시대적 체험'이 있다는 사실을 절실히 느낄 수 있었다고 지적한다. 노다 씨는 학교생활 개시와 함께 시작된 이지메 체험이 서로서로에게 다른 사람을 경계하고 피하고자 하는 심정을 심화시켜갔다고 보고 있다. 영유아기부터 시작된 희박하고 거부적인 인간관계 탓에 인간에 대한 애착과 신뢰가 충분히 배양되지 못했으며, 이는 학교생활에서의 이지메 체험으로 한층 더 심각해졌다고 볼 수 있을 것이다.

선호되는 무기질 공간

시대가 자아내는 특유의 취향을 감지할 수 있는 예민한 감성을 가진 작가나 극작가, 사진가들도 상당히 이른 시기부터 이런 현상에 대해 지적하고 있었다. 최근의 젊은이들은 인간을 싫어해서 사람이 없는 장소를 선호하며 그런 장소를 찾아가 마음을 치유하고 있다는 것이다. 지금까지 다른 곳에서도 몇 번인가 인용해왔던 히노 게이조日野啓三 씨의 다음과 같은 문장도 그런 지적과 맥락을 같이하고 있다.

"교외의 잡목림과 언덕을 갈아엎어 조성된 대규모 주택 단지에서 성장한 젊은 세대들, 그들에게 그리운 풍경이란 수풀과 언덕이 아니라 콘크리트 블록임에 틀림없다. 혹은 그네와 모래 놀이터가 잘 조성된 인공적인 놀이터. 시멘트를 가득 쌓은 주차장. 비닐로 만들어진 괴물인형. 기계 구조의 장난감. 그리고 텔레비전과 컴퓨터 화면.""(작가) 딕의 묘사력은 독특하다. ……그의 작품 무대는 주로 수십 년 후 당장 닥쳐올 미래지만 그곳에 대한 황량한 현실묘사는 현재 우리 주변에서, 우리들 내면에서 진행되고 있는 공허감, 황폐함, 몽상을 실로 생생하게 느끼게 해준다."(히노 게이조 『도시라는 새로운 자연都市という新しい自然』)

필자는 1984년부터 6년간 막 개설된 방송대학에서 '청소년 문화'란 수업을 담당한 적이 있다. 학생들이 집에서 공부할 수 있도록 텍스트를 만들고, 그와 동시에 1회 45분의 텔레비전 교재(프로그램)를 7회분 제작하는 것이 주된 작업이었다. 텔레비전 교재의 경우, 텍스트로 설명되고 있는 청년 문화의 실물을 브라운관을 통해 다양한 '영상'으로 보여줘야 해서 젊은이들이 선호하는 장소나 물건, 만화나 영화 등을 슬라이드로 계속 찍어왔다. 젊은이가 선

호하는 장소나 공간이란, 예를 들어 고속도로가 몇 겹으로 교차되는 곳이나 도쿄 해안가 주변에 밀집해 있는 창고들, 철골과 콘크리트가 노출된 열차 가드 아래나 혹은 고층 인텔리전트 빌딩들이 밀집한 신주쿠 서쪽 개찰구 부도심, 사람들이 아직 지나가지 않은 이른 아침의 도쿄 중심부 빌딩 숲이나 고층 아파트 중앙에 위치하여 심야에는 인기척이 없는 광장, 또는 쓰레기 매립지 위에 조성된 대규모 임해 부도심 오다이바お台場의 후지TV 사옥 부근 공간 등이다. 이런 장소들은 젊은이들이 좋아하는 영화로 꼽히는《블레이드 러너Blade Runner》(이 영화는 필립 · K · 딕Philip K. Dick의 소설『안드로이드는 전기 양을 꿈꾸는가?』를 원작으로 하고 있다)의 무대인, 핵전쟁으로 폐허가 된 로스앤젤레스의 거리나 오토모 가쓰히로大友克洋 씨가 제작한 인기 애니메이션인《아키라 Akira》의 무대로 생각되는, 역시 핵전쟁 이후의 황폐한 도쿄를 연상시킨다. 이런 장소에 공통적인 특성은 두 가지 있다. 우선 하나는 유리나 시멘트, 메탈(금속)이나 화학 합성물 등 이른바 무기질적인 물질로 만들어진 공간이라는 점이다. 나머지 하나는 그곳에 '살아 있는 인간'이 없다는 점이다. 그림 4에 게재한 사진이 그런 특성을 띤 공간의

그림 4 무기질 공간의 일례

일례다.

　젊은이들이 무기질 공간을 선호하고 그곳에 머무름으로써 치유된다는 것은 무엇을 의미할까. 당사자인 젊은이들의 내면에도 인기척 없는 무기질적인 공간이 만연해 있기 때문은 아닐까. 우리 같은 구세대 인간들의 경우, 북적대고 소란스러운 도회지를 벗어나 느긋하게 시간을 보낼 수 있는 목가적인 농촌 풍경에 접했을 때 편안함을 느낀다. 젊은이들에게 무기질적인 공간은 이와 비슷한 성질일 것이다. 젊은이들의 내면에 사람을 배제하고자 하는 마음이 그토록 강하다면, 그런 그들이 행여 향후에라도 사회력을 고양시켜갈 수 있으리라고 과연 기대할 수 있을까. 그들은 어째서 그런 심성을 배양하게 된 것일까. 젊은이들의 마음에 인간과 사회에 대한 관심과 애착을 되돌려놓기 위해 이런 심성에 이르게 된 과정을 하나씩 풀어헤쳐볼 필요가 있을 것이다.

기피되는 '농밀한 인간관계'

앞서 살펴본 것처럼 아이들이나 젊은이들에게 확산되는 인간 혐오나 기성세대에 대한 불신감이 근본적인 이유겠지만, 젊은 세대들의 인간관계나 타인과의 교제방식을 보면 지극히 표면적인 모습을 띠고 있다. 서로가 서로에 대해 너무 깊숙이 개입하지 않으려 한다. 이런 인간관계가 된 것을 가장 먼저 세상에 알린 것은 NHK 방송문화연구소 여론조사부가 실시한 '일본의 젊은이' 조사 결과였다. 이 조사의 결과를 어떻게 받아들일까에 대해서는 이미 다른 책에서 쓴 적이 있었기 때문에(전게 『어린이와 젊은이의 '이계'』), 여기서는 요점만 간단히 반복하는 선에서 그치기로 하겠다.

표 1 친구와의 커뮤니케이션·교제방식

(%)

인생 국면 사귀는 방식	전체 (13~29세)	중학생	고등 학생	대학생	노동 청소년
상대방의 프라이드도 상처주지 않고 자신의 프라이드도 상처받고 싶지 않다	83.0	83.0	84.0	81.0	81.7
상대방의 프라이버시에도 깊이 개입하지 않고 자신의 프라이버시에 누가 깊이 개입하는 것도 원치 않는다	78.9	80.5	80.3	74.2	75.9
상대방의 이야기가 흥미롭지 않아도 열심히 들으려고 한다	78.2	70.7	77.1	77.8	82.2
될 수 있으면 상대방의 사고방식에 반대하지 않으며 누가 내 사고방식을 반대하는 것도 싫다	56.7	63.5	58.6	51.6	52.0
대립될 것 같은 화제는 피하려고 한다	56.6	60.5	59.5	50.0	51.7

(출전) NHK 여론조사부 편 『일본의 젊은이(日本の若者)』

이 조사는 1985년 10월 전국에 있는 13세부터 29세까지의 남녀 총 3,600명을 대상으로 실시된 것이다. 그중에 "평소 친구와 어떤 방식으로 사귑니까?"라는 질문이 있었고, 그에 대한 답변을 정리한 것이 표 1이다.

전체적으로 가장 비율이 높은 쪽부터 세 개씩 나열하면 ①상대방의 프라이드도 상처주지 않고 자신의 프라이드도 상처받고 싶지 않다=83%, ②상대방의 프라이버시에도 깊이 개입하지 않고 자신의 프라이버시에 누가 깊이 개입하는 것도 원치 않는다=79%, ③상대방의 이야기가 흥미롭지 않아도 열심히 들으려고 한다=78%, 라는 순이다. 표에 보이는 것처럼 이 세 가지는 연령에 따라 그다지 차이가 없다는 것을 알 수 있다. 이런 식으로 사귀는 방식은 중학생이든 대학생이든 사회인이든 그다지 다를 바 없다는 말이다. 이런 결과는 언뜻 보기에 최근의 젊은이들이 서로 상대방의 마음이나 상황을 존중하면서 신사적으로 사귀고 있는 것처럼 오해되기 쉽다. 하지만 만약 중학생들이나 고등학생들이 그렇게 사귀고 있다면, 교사들이 그토록 없애려고 애쓰고 있는 이지메가 계속 일어나거나 증가할 일은 없어야 마땅하다. 즉 이런 결과를 통해 우리가 알 수 있는 젊은 세대들의 교우관계란, 앞서 언급한 것처럼 서로 속내를 털어놓거나 옥신각신하지 않고, 혹은 자잘한 것을 꼬치꼬치 캐묻거나 애써 알아내려고도 하지 않고, 극히 표면적으로 그때그때 상황에 맞게 요령껏 잘 넘기기만 하면 된다는 식으로 사귄다는 말이 될 것이다. 과거에는 그런 식으로 친구를 사귀는 방식에 대해 "너무 서먹서먹하다!"라며 싫어하는 사람들이 많았다. 하지만 지금은 완전히 정반대다. 상대방에게 너무 개입하지 않고 표면적으로만 사귀는 형태가 아니라면 친구와의 관계 자체가 아예 유지되지 않는다.

　서로 너무 깊이 개입하지 않는 친구관계나 서로 거리를 둔 교제 방식을 더 선호한다면, 휴대전화나 이메일 등 커뮤니케이션을 위해 개발된 신병기들이 젊은이들 사이에 순식간에 퍼지게 될 것은 불을 보듯 뻔한 일이다. 휴대폰은 이미 고등학생들의 필수품이 되었으며 대부분의 고등학생이나 대학생들이 컴퓨터를 통해 연락을 주고받고 있다. 커뮤니케이션 기기가 마른 모래에 물이 흡수되듯이 젊은이들 사이에 빠르게 퍼져가는 것은 결코 기기의 편리함 때문만은 아닐 것이다. 서로 너무 깊이 개입하지 않고 표면적으로만 사귀기 위해서 이토록 소중한 도구도 없기 때문이다.

　이상으로 이번 장에서는 요즘 아이들이나 젊은이들에게서 보이는 '사회화 이변' 관련 사태나 현상들에 대해 간략하게 살펴보았다. 언어 습득 과정에서 보이는 이변, 텔레비전에 젖은 생활이 초래하는 '넋을 잃은 증상'이나 무기력화, '보통 아이'에게도 보이는 자폐증적 증상, 그리고 젊은 세대 사이에서 번져가는 인간혐오 현상. 이런 사태나 현상들을 '사회화 이변'이라고 파악한다면, 그 이변들의 공통점은 바로, 이 책에서 말하고자 하는 '사회력 형성 부전'이라고 해도 무방할 것이다. 그리고 그런 사회력 부전을 발생시키는 근본적 원인은 성장 과정에서 보이는 '다양한 타자와의 상호작용 부족'일 것이다. 그뿐만 아니라 젊은 세대의 사회력 부전은 가까운 장래에 사회를 해체시킬 정도로 심각한 상황이라는 것이 현재 필자가 가지고 있는 시각이다. 이런 시각이 타당한 것인가에 대해 다음 장부터 고찰을 거듭해나가고자 한다.

두드러지는 인간혐오와 기성세대에 대한 불신

아이들이나 젊은이들 사이에서 사람을 기피하고 타인을 싫어하는 심정이 너무 확산되고 있는 것은 아닐까. 그런 생각을 할 수밖에 없게 만드는 몇 가지 사례들을 아이들이 그린 그림이나 사진 속 내용 검토를 통해 읽어내 보았다. 비슷한 내용을 조사 데이터에서도 확인할 수 있다는 생각이 든다. 우선 필자가 1980년도 이전부터 관여해

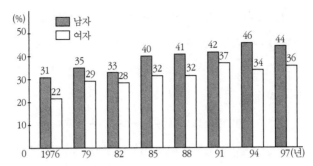

그림 5 초조하고 예민한 유형의 고등학생의 증가 (『도쿄 청소년 기본 조사』
각 해당년도 판을 근거로 작성)

온 '도쿄 청소년 기본 조사'의 결과를 바탕으로 검토해보
고자 한다.

그림 5에 보이는 '도쿄 청소년 기본 조사'란, 도쿄 생활
문화국이 1976년부터 도쿄 안에 살고 있는 만 15세부터
29세까지의 남녀 약 2,000명을 대상으로 지속적으로 실시
해온 조사다. 본 조사는 청소년 생활실태나 생활의식, 가
치관이나 사회의식 등이 시대나 사회 상황에 따라 어떻게
변해왔는지를 3년에 한 번씩 점검하여 청소년 행정에 관
한 기초 자료로 삼을 것을 목적으로 하고 있다. 이 조사에
서 특이한 점은 청소년을 가치관에 따라 전형적인 네 가지

유형으로 나누고 각각의 유형이 시대에 따라 어떻게 변해왔는지 추적하고 있다는 점이다. 고등학생만으로 대상을 좁혀 초조하고 예민한 유형이 얼마나 증가했는지 그림으로 나타내고 있다.

그림을 보면 1976년부터 계속 남녀 모두 초조하고 예민한 유형이 증가해왔음은 분명하다. 초조하고 예민한 유형이란 말 그대로 불평·불만이 큰 유형으로 인간혐오 경향과 성인에 대한 불신도가 강하다는 특징을 가진 일군의 젊은이들이다. 이런 젊은이들이 해마다 증가해오고 있으며, 최근에는 남자 두 사람 중 한 사람, 여자도 세 사람 중 한 사람이 이 유형에 속한다.

그들의 특징을 좀 더 구체적으로 살펴보자. 우선 인간혐오에 대해서다. "다른 사람과는 서로 간섭하지 않는다", "다른 사람의 프라이버시에 깊이 개입하지 않는다", "직접 알지 못하는 사람에게는 관심이 없다", "자기에 대해 누가 물어보는 것을 싫어한다" 등의 경향이 '자기에게 있다'고 답한 비율이 각각 74%, 73%, 70%, 63%에 이르고 있다. "누군가와 함께 있는 것보다 혼자 있는 편이 좋다"라는 질문에 "네"라고 답한 비율은 32%다. 타인을 일체 피할 정도는 아니라고 해도, 인간을 싫어하는 경향이나 타인과의 직접적 접촉을 회피하는 성향은 상당하다고 할 수 있다.

그들이 기성세대에 대해 가지고 있는 불신감도 상당하다. 어른들에 대한 시각을 물어본 질문에 대한 답변을 살펴보면, 제시한 모든 항목에서 기성세대에 대한 불신감이 표출되고 있다. 특히 "말과 행동이 일치하지 않는다", "말하는 내용이 상황에 따라 바뀐다", "다른 사람 앞에서는 잘난 체하지만, 남들이 보지 않는 때 어떨지는 알 수 없다"라는 항목에 대해 "그렇다"고 긍정한 비율은 각각 81%, 75%, 70%에 이른다. 초조하고 예민한 타입의 젊은이들이 기성세대에 대해 상당히 강한 불신감을 가지고 있다는 사실을 알 수 있다. 물론 여기서 소개한 결과는 기성세대에 대한 불신감이지 같은 세대를 포함한 인간 전반에 대한 불신감은 아니다. 하지만 그들의 경우 타인을 기피하는 성향도 상당해서, 이 점까지 감안하면 '초조하고 예민한 타입의 젊은이들'이 기성세대만이 아니라 자신과 같은 세대에 대해서도 상당히 강한 불신감을 가지고 있다고 보는 편이 타당할 것이다. 만약 그렇다면 그들은 자신의 내면으로부터 사람의 그림자를 배제하고 인기척 없는 무기질적인 공간 안에서 위안을 찾으며 전자 미디어를 통해 살아 있는 인간이 없는 가상공간으로 사라져버리게 될 것이다. 인간에 대한 관심을 잃고 타인을 기피하는 성향은, 사회에 대한 관심을 잃고 사회와의 관련을 회피하려는 성향으로 이어지기 마련이다. 사회학자로서의 필자의 근심과 우려는 바로 그 점에 있다고 할 수 있다.

제2장 사회를 성립시키는
인간의 조건이란 무엇인가

젊은 세대의 성장과정에서 엿보이는 이변도 궁극적으로는 타인을 회피하고 인간을 혐오하는 성향이 진전되고 있기 때문일 것이다. 인간의 성장에 절대적으로 필요한 타자와의 상호작용, 바로 그 상호작용이 현저히 감소하게 된 것이 원인이라 생각된다. 해당 메커니즘에 대해서는 이후 상세히 살펴보기로 하고, 그에 앞서 인간이 만드는 사회가 인간의 어떤 특성과 행위에 의해 형성되고 유지되는지에 대해 생각해볼 필요가 있을 것이다.

"인간은 사회적 동물이다"라는 말을 자주 듣는다. 그렇다면 사회적 동물이란 인간의 어떤 특성 내지는 자질이나 능력을 말할까. 또한 그런 특성이나 능력이 인간에게 갖춰져 있다면, 그 능력은 선천적으로 갖춰져 있는 것일까, 아니면 후천적인 학습을 통해 획득된 것일까. 인간만이 가진 '사회를 만드는 힘' 같은 것이 있다면, 인간은 그 힘을 어떻게 발휘하고 활용함으로써 사회를 성립시키고 유지하는 걸까. 평소 당연하게 생각하고 있던 것이라도 이렇게 새삼 곰곰이 생각해보면 좀처럼 알 수 없는 것들이 있기 마련이다. 공기가 극단적으로 오염되어 인간의 목숨에 해를 끼치게 되어야 비로소 사람들은 공기가 얼마나 소중한 존재인지 실감하는 것과 마찬가지다. 사회가 붕괴되어 더 이상 기능하지 않게 되고 나서야 사회를 성립시키고 유지시켜왔던 뭔가를 잃어버렸다는 사실을 비로소 깨닫게 될지도 모른다. 따라서 그 지경에 이르기 전, 사회력이 얼마나 소중한지 미리 고민해보는 것은 결코 쓸데없는 일이 아니다. 인간 특유의 '사회를 성립시키는 특성'이란 무엇일까. 사회가 형성되는 구조를 설명하기 전에 우선 그 점에 대해 생각해보기로 하자.

1 서로 부대끼는 관계로서의 사회와 인간

사회적 동물로서의 인간

인간이 사회적 동물이라는 것을 최초로 명확히 밝힌 인물은 그리스 철학자 아리스토텔레스였다고 한다. 저서 『정치학』에서 "인간은 본성적으로 국가·사회적 동물이다"라고 썼던 것이 기원전 4세기이기 때문에, 지금으로부터 무려 2300년이나 이전의 일이다. 참고로 사회철학자 가네코 하루오金子晴勇 씨의 해설에 의하면 아리스토텔레

스는 인간이 사회적 동물이라는 근거로 네 가지 특성을 들고 있다고 한다. 우선 ①인간은 개인으로 자족할 수 없어서 서로 다른 인간을 필요로 한다 ②인간은 언어와 이성에 의해 법치국가를 만든다 ③개인은 법적으로 질서 정연한 국가가 있어야만 비로소 자족할 수 있다 ④그 국가가 인간을 한 사람의 시민으로 완성시키고 덕이 있는 생활로 이끈다(가네코 하루오『인간 안의 사회人間の内なる社会』).

그 후 인간을 사회적 동물이라고 판단할 근거 제시는 다양한 형태로 시도되었지만, 아리스토텔레스의 이런 인간 인식 자체는 근본적으로 거의 변함없이 오늘날까지 이어져왔다고 할 수 있다. 이리하여 오늘날, 인간이 사회적 동물이라는 인식은 일개 사회학자만이 아니라 일반적으로 널리 받아들여지는 바가 되었다.

한편 최근 나온 사회학 개론서에서는, '사회적 동물'이 아니라 '사회적 존재'라고 표현되는 경우가 많다. 그리고 이런 텍스트는 사회학이 "인간은 사회적 존재다"를 암묵적 전제로 해왔다는 사실을 굳이 숨기지 않는다. 그렇다면 오늘날의 사회학이 인간을 사회적 존재라고 파악하는 이유는 무엇일까. 몇몇 텍스트에 보이는 기술을 나름대로 종합해보면 다음과 같다.

(1)생활에 필요한 자원을 사회로부터 조달하고 있다.
(2)생활을 통해 사회적 행위를 익히고 사회적 지각을 배양해
   간다.
(3)획득한 사회적 행위나 지각을 활용하여 타자와 상호작용을
   하면서 생활을 영위하고 있다.
(4)생활을 통해 다음 세대를 키워간다.

이런 생활을 사회학자는 '사회생활'이라고 표현한다. 인간은 보다 잘 살아가기 위해 사회생활을 필요로 하고, 사회생활을 계속함으로써 사회생활을 영위해가는 데 필요한 여러 가지 것들을 익히고(사회화되고), 사회화된 인간으로 살아감으로써 사회를 유지시켜갈 수 있다는 말이다. 그런 의미에서 인간은 실로 사회적 동물이라고 말할 수밖에 없는 생명체라는 것이 현재의 일반적 설명이다(이노우에 井上上俊·오무라 에이쇼大村英昭『사회학 입문社会学入門』방송대학교육진흥회, 외).

사회를 성립시키는 현장

위와 같이 설명해도 인간이 일상적으로 어떤 행위를 하는 것이 사회를 성립시키는 게 될지 실감하기 어려울 것이다. 그래서 요즘 재평가를 받고 있는 사회학자 게오르크 짐멜Georg Simmel의 시각을 빌려 나름대로 설명을 시도해 보기로 하겠다.

짐멜은 20세기 초엽 독일에서 활약했던 사회학자로 그 유명한 에밀 뒤르켐Émile Durkheim이나 막스 베버Max Weber와 함께 고전적 사회학을 대표하는 3인의 사회학자 중 한 사람이다. 그가 제창했던 형식사회학의 해설서라 할 수 있는 『사회학의 근본 문제』(1917년 간행)를 통해 짐멜은, 요컨대 "사회는 개인 간의 심적 상호작용"이며 "다수의 개인들이 서로와의 상호작용 속으로 들어갈 때, 거기에 사회는 실재한다"라고 말한다. 이런 설명만으로는 이해가 어려울 것이기 때문에 짐멜의 구체적인 설명을 직접 들어보자. 짐멜에 의하면 사회가 성립되는 '현장'이란 다음과 같이 설명되는 일상생활의 장이다.

"사람들이 서로 눈길을 주고받거나, 서로 시기하거나, 서로 편지를 주고받거나, 점심식사를 함께 하거나, 각자의 이해관계를 떠나 동정적으로 상대방과 마주하거나, 아니면 서로 반목하여 각자의 갈 길을 가거나, 상대방이 베푼 이타적 행위에 대한 감사 때문에 더더욱 멀어지기 힘든 결합이 생기거나, 타인에게 길을 묻거나, 서로를 의식하여 최대한 애써 차려입거나 하는 것. 이런 예들은 하나같이 지금 갑자기 머릿속에 떠올라 열거한 것에 불과하지만, 수많은 사람에게서 사람에게로 행해지는 관계라는 측면에서는 공통적인 사항이다. 이런 관계에는 일시적인 것도 있는가 하면 항구적인 것도 있다. 의식적인 것도 있는가 하면 무의식적인 것도 있고, 그 영향이 미미한 것도 있으며 중대한 영향을 끼치는 것도 있다. 하지만 그런 것들은 우리들을 끊임없이 이어주는 것들이다. 여기에는 개인 간의 다양한 상호작용이 있다."(아토지 요시오阿閉吉男 역『사회학의 근본 문제社会学の根本問題』)

이런 부류의 상호작용들은 현재를 살아가는 우리들 자신 역시 마찬가지로 경험하고 목격하는 것들이기도 하다. 그리고 우리들이 매일매일 그렇게 하고 있는 것 자체가 두말할 것 없이 우리들의 사회생활이다. 요컨대 우리들이 영위하는 사회생활이란 사람들의 이런 상호작용의 반복

이며, 그 상호작용이 일상적으로 반복되는 것이 바로 사회
를 성립시키는 '현장'인 것이다.

　하지만 우리들이 너무도 자연스럽게 하고 있는 상호작
용이라도 그것이 가능하기 위해서는 서로 다양한 것들을
공유해야 한다. 상호작용을 원활하게 주고받기 위해서는
사회생활을 함께 하는 사람들이 그를 위해 필요한 여러 가
지 사항들을 미리 터득하여 충분히 몸에 익히고 있어야 한
다는 말이다. 예를 들어 회사의 전근 때문에 느닷없이 낯
선 외국 땅에서 살아갈 수밖에 없게 되었을 때, 얼마나 당
혹스러울지를 머릿속으로라도 떠올려본다면 쉽사리 이해
할 수 있을 것이다. 그렇다면 사회를 성립시키기 위해 사
람들이 공유하지 않으면 안 될 사항이란 어떤 것일까. 다
음 부분에서 그 점에 대해 설명해보겠다.

2 사회적 상호작용을 가능케 하는 조건

사회적 상호작용이라는 인간의 행위

여태까지 그 의미를 설명하지 않은 채 몇 번인가 사회적 상호작용, 혹은 상호작용이라는 단어를 사용해왔는데, 이쯤에서 이 책의 키워드인 상호작용의 개념에 대해 좀 더 자세히 설명해두고 싶다.

우선 '사회적'이라는 용어는 매우 간단하다. 인간이 두 사람 이상 있음을 의미하고 있기 때문이다. 인간이 복수로 존재하고 있는 상태가 사회이며 사회적인 것이다. 그렇다면 상호작용이란 어떤 행위를 말할까. 이쪽은 약간 복잡하다.

상호작용이란 영어로는 interaction이다. 가장 단순화시켜 말하자면 복수의 인간(행위자)들 사이에서 서로 상대방에게 뭔가를 시도하고, 동시에 상대방으로부터 그에 대해 되돌려 받는 행위Action를 주고받는다Inter-. 요컨대 상호작용이란 두 사람 이상의 인간들 사이에서 이루어지는 '행위(작용)의 교환'인 것이다. 이 점을 강조하기 위해 필자는 interaction이라고 쓰지 않고 Inter-Action이라고 쓰며, 될 수 있으면 인터 · 액션이라고 발음하고 있다.

이것만으로는 아직 설명이 충분치 않다. 상호작용이란 상호작용하는 양자의 머릿속으로 특정한 상황이라든가 상대방의 입장이나 속셈, 자신의 이해관계나 의중 등 온갖 것들을 두루두루 헤아리면서, 심지어 상대방의 행위에 서로 영향을 받으면서, 동시에 상대방에게 영향을 끼치며 이루어지는 행위(작용)의 교환인 것이다. 그런 부분을 포함하여 다시금 설명해보면, 상호작용이란 서로 상대방으로부터 영향을 받아 특정 행위를 되돌려주고, 상대방이 자신에게 끼친 영향에 대해 다시금 이쪽에서 영향을 미칠 의도로 상대방에게 작용을 가한다는 '행위의 교환'을 말한다고 할 수 있다.

여기서 이런 상호작용의 특징을 정리해보면 다음과 같다.

(1)서로 상대를 의식하고 있으며 상대방에 대해 '선택적'으로 행동하고 있다.
(2)자신의 행위는 상대방의 행위(작용)에 의해 영향을 받는다. 서로 상대방의 행위에 영향을 미칠 것을 의도하여 행동하는 것이다.

(3)행위의 교환이 서로 공유하는 상징(주로 언어)을 동반하여 이루어지는 경우가 많다.

　여기서 '선택적으로 행동하는' 것에 대해서 좀 더 상세히 설명해보자. 선택적으로 행동한다는 말은 우선 행위의 상대가 누구인지(어떤 입장에 있는 사람인지)에 의해, 또한 행위가 이루어지는 상황이 어떤 상황인지에 의해, 그 상대방과 그 상황에 가장 적합한 행위를 선택해서 행동함을 의미한다. 좀 더 덧붙이자면, 선택적이란 상대방에 대해 구체적인 행위를 표출하기 전, 자신의 머릿속에서 행위의 리허설을 끝내고 행동하는 것이기도 하다. 그 말은 자신이 지금부터 행하는 행위에 대해 상대방이 어떤 반응을 보일지 미리 예상하고, 상대방의 반응들 중 자신에게 가장 바람직할 경우를 골라 선택적으로 행동한다는 것이다.

　이해하기 쉽게 비근한 예를 들어 상황을 설명해보자. 경쟁률이 치열한 고등학교 진학을 목표로 하고 있는 중학교 3학년 학생 A군과 그의 담임선생님인 B선생님의 예다. 최근에는 교사가 직접 기입해 시험을 치룰 해당 고등학교에 제출하도록 되어 있는 학교생활기록부가 고교 합격의 당락을 좌우한다고 한다. 당연히 수험생인 A군은 학교생활기록부 기입에 유리하도록 B선생님과 상호작용을 하게 된다. 성실히 수업에 임할 뿐 아니라, 다른 학생들이 기피하는 청소도 소홀히 하지 않고 끝까지 해내며, 솔선하여 학생회 활동도 하게 된다. A군이 그런 행위를 하는 이유는, 자신이 고등학교 시험을 본다는 상황에 놓여 있다는 사실, 학교생활기록부를 쓰는 사람이 교사라는 사실, 고등학교에 합격하기 위해서는 B선생님에게 잘 보여 좋은 생활기록부가 되도록 노력해야만 한다는 사실 때문일 것이다. 어떤 행위가 스스로에게 유리할지 충분히 인지하고 있기 때문에, 그를 위해 적절한 행위가 어떤 행위인지 스스로 선택한 결과라고 할 수 있다. 이런 A군의 행위에 대해 B선생님도 A군의 기특함을 인정하고 교실에서도 그에게 호의적으로 대할 것이고, 결국 보다 좋은 학교생활기록부를 써주게 될 것이다. 이런 예는 일상생활 어디에든 존재한다. 그런 예를 염두에 두고 앞의 설명을 다시금 읽어본다면 지금 무슨 이야기를 하고자 하는지 좀 더 잘 이해할 수 있을 것이다.

앞의 예처럼 우리들은 평소 자연스럽게 일상적으로 상

호작용하고 있다. 하지만 당연하다는 듯이 행하고 있는 상호작용을 낱낱이 해부해보면, 서로 상당히 복잡하게 얽혀 있음을 알 수 있다. 그리고 이런 복잡한 행위를 적절히 이행하기 위해서 쌍방 모두 미리 다양한 사항을 습득하고 공유할 필요가 있다는 사실도 이해할 수 있을 것이다. 우리들은 이미 사회화 과정에서 상호작용에 필요한 다양한 것들을 공유하고 있기 때문이다. 그런 까닭에 자연스럽게 적절한 상호작용을 할 수 있는 것이다.

그 반대의 경우 역시 마찬가지다. 즉 그런 다양한 것들을 공유하지 않았을 경우 적절한 상호작용을 하려 해도 불가능하다는 말이다. 그렇다면 지금 기성세대가 아이들에 대해 잘 모른다고 한탄하고, 반대로 젊은이들은 기성세대를 지겨운 존재라며 불평하는 것은, 양자의 상호작용을 원활하게 만들 다양한 것들에 대해 기성세대와 젊은 세대가 공유하고 있지 않기 때문이라고 할 수밖에 없다. 다소 번거로운 일이기는 하지만, 아이들이 사회적 인간이 되어가는 과정, 즉 상호작용에 필요한 다양한 사항들을 공유해가는 과정을 하나하나 재검토해볼 필요가 있다는 것은, 바로 이런 이유 때문이다.

그렇다면 사회생활을 영위하는 사람들이 어떤 '조건'을 갖춰야만 이런 사회적 상호작용을 원활하게 할 수 있을까. 상호작용하는 인간들이 서로 공유해야 할 인식이나 능력, 양해사항이란 어떤 것일까. 이런 것들은 총괄하여 '문화'라고 말할 수 있겠지만, 여기서는 사회적 상호작용에 빠뜨릴 수 없는 조건이라는 관점에서 좀 더 구체적으로 살펴보고자 한다. 그리고 이런 것들 모두가 상호작용을 성립시키는 조건임과 동시에, 타자와의 상호작용을 통해서만이 습득되고 공유되는 사항이라는 점도 반드시 이해해주길 바란다.

언어와 의미

우선 맨 처음 검토해야 할 것은 언어와 의미의 공유다. 일반적으로 아이들이 유의미한 기호인 언어를 사용하기 시작하는 것은 생후 1년 전후지만, 이후 폭발적이라 할 수 있는 빠른 속도로 엄청난 말들을 습득하고 3살이 되면 벌써 어른들과의 대화에서도 부족함을 느끼지 못할 정도로 능숙해진다. 몸짓이나 손짓, 시선이나 표정 등이 상호작용 시 중요한 역할을 한다는 것은 경험을 통해 충분히 알고 있지만, 특히 상호작용에서 언어의 중요성은 가히 압도적이라고 할 수 있다. 언어와 그 의미의 공유가 없다면 상호작용 자체가 성립되지 않는다는 표현까지 가능할 정도다.

그런데 우리들은 어떻게 언어와 그 의미를 익히고, 그것을 타인과 공유해가는 것일까. 조기교육 세미나나 초등학교부터 시작된 국어 공부에 의해서일까, 아니면 태어난 직후부터 축적된 다른 사람들과의, 특히 어머니나 주위 어른들과의 상호작용에 의한 것일까. 물론 정답은 후자라고 할 수 있다.

최근 발달심리학자나 동물행동학자들에 의해 행해진 '신생아 및 영유아 대상 연구'를 통해 차츰 밝혀진 사실이 있다. 아이들이 선천적으로 가지고 태어난 고도의 능력을 발휘함으로써 태어나자마자 어른들과 상호작용을 시도하고 있다는 사실이다. 해당하는 구체적인 예는 다음 장에서 상세히 소개하기로 하고, 언어와 의미의 습득 및 공유와 관련된 응답에 대해서 언급하자면 다음과 같다.

(1)아이들은 태어나자마자 사람들의 얼굴을 식별하고 그에 특

별한 관심을 보이고 있다.

(2)사람의 입을 통해 나온 유의미한 언어로서의 음과 무의미한 소음을 확연히 구별할 수 있다.

(3)생후 2, 3개월 정도가 되면 목 울리기(쿠잉cooing)라 불리는 '쿠'라든가 '아'라든가 하는 음들을 스스로 의도적으로 발성하여 어머니의 호응을 촉진하는 작용을 하게 된다.

(4)목 울리기(쿠잉cooing)에 응해 어머니가 건네준 말을 듣고 그것을 흉내 내며 스스로 똑같은 음을 낼 수 있게 된다.

(5)8개월 무렵에는 스스로가 흥미를 보인 물건에 직접 손을 뻗쳐 어른으로 하여금 그것에 시선을 향하게 만드는 '손 뻗기 reaching'를 시작한다.

(6)9개월이 되면 더더욱 그 의도를 명확히 한 '포인팅pointing'을 하게 된다.

아기가 손이나 손가락으로 가리킨 물건을 본 어른들은 "이것은 사과란다"라든가 "아, 저거 말이지, 고양이로구나"라고, 해당되는 대상의 이름을 말해주는 것이 일반적이다. 생후 직후부터 어른들과 행하는 이런 응답, 즉 상호작용을 거듭해감으로써 아이는 사물(기호 내용)과 그 이름

(기호 표시)을 묶어나가며, 동시에 그 의미를 이해해가는 것이다. 그 최초의 성과가 바로 생후 1년 남짓한 시기에 처음으로 입에 담는 말일 것이다.

말하기 단계로 넘어가 유의미한 첫마디를 입에 담게 되면 얼마 되지 않아, "엄마, 이거 뭐야?", "아빠, 왜 그래?" 등 질문의 홍수가 주변 사람들에게 쏟아진다. 이후 아이의 언어 습득은 그야말로 순식간에 이루어질 기세다. 하지만 그 후의 습득 역시 어른들과의 언어 및 행동의 상호교환, 즉 타자와의 상호작용에 의해 이루어짐은 물론이다.

이런 과정을 통해 습득된 언어와 의미를 공유하고 있기 때문에, 우리들은 일상생활 속에서 타인들과 자연스럽게 상호작용할 수 있는 것이다.

위치와 역할의 인식

여기서 말하는 위치란 사회학 전문용어인 '사회적 위치 social position'를 말한다. 야구에서는 투수나 포수, 3루수 등에 대해 포지션이라고 하는데, 그와 비슷한 것을 사회에 빗대어 부르는 방식이라고 생각하면 된다. 우리들은 모두 각자 이름을 가지고 있는데, 사회생활을 할 때 우리들은 그 이름을 간판삼아 제멋대로 행동하지 않는다. 평소 생활에서 하고 있는 것은 남자로서, 여자로서, 부모로서, 자식으로서, 혹은 회사의 사원으로서, 고등학교 학생으로서, 그리고 지역 모임의 회장으로서, 또는 봉사그룹의 멤버로서의 행동이다. 요컨대 우리들 모두는 스스로가 살고 있는 사회 어딘가에서 제각각의 위치(포지션)를 점하고 있으며, 해당 위치를 점한 자로서 마땅히 해야 할 일들을 하면서 살아가고 있는 것이다.

여기서 열거한 남자, 여자, 부모, 자식, 회사원, 고등학생, 지역 모임의 회장, 봉사활동의 멤버 등이 바로 사회적 위치다. 그리고 예를 들어 고등학생이라면 매일 학교에 가서 착실히 수업을 들어야 한다는 것이 역할, 혹은 역할 행동이라는 것이다. 여기서 반드시 이해해주었으면 하는 바는, 우리들이 사회생활을 영위한다는 것은 제각각 자신이 점한 위치에 합당한 역할을 수행함을 의미한다는 점이다. "자신이 점한 위치에 합당한 역할을 수행한다"라는 식으로 딱딱한 표현을 쓰고 있지만, 이것을 좀 더 설명하자면 아버지가 아버지로서, 자식이 자식으로서 합당한 행동을 하면 가정생활이 평온해진다는 말이다.

이것만으로도 여전히 설명이 충분치 않다. 좀 더 중요한 점은 '아버지'라는 위치는 '자식'이라는 위치가 있기 때문에 비로소 성립되는 것이며, '자식'이라는 위치 역시 '부모'라는 위치가 있기에 비로소 의미를 가진다는 것이다. 그리고 아버지로서 걸맞은 역할 행동이란 우선 상대방인 '자식'에 대해 어울린다는 말이며, 그 반대 역시 마찬가지여서, 자식으로서 걸맞은 행동이란 부모에 대해 취하는 행동이 합당하다는 말이다. 이런 구체적인 예를 바탕삼아 단적으로 말하면, 사회생활이란 사회 어딘가에 위치하고 있는 사람이 그 위치를 점하면서도 상대방이라 할 수 있는 대상에게 합당한 행위를 함으로써 비로소 잘 기능한다는 말이다. 그런 상호작용이 적절히 이루어졌을 때 비로소 사회가 성립된다는 말이기도 하다.

이렇게 정리하면 사회생활을 영위하는 모든 사람들이 자신이 점한 사회적 위치와 그에 동반된 역할을 충분히 인식하고 있어야 하고, 동시에 함께 사회생활을 영위하는 다른 모든 사람들이 점한 위치와 역할도 인식해야 하며, 나아가 이런 인식을 함께 공유하고 있어야만 순탄한 상호작용이 비로소 가능하다는 사실을 이해할 수 있을 것이라 생각한다.

아이가 매일 자신을 보살펴주는 어떤 여인을 자신의 '엄마'로 인식하고, 동시에 자신은 엄마에 대해 '자식'이라는 위치에 있다는 사실을 인식하기 시작하는 것은 4세 무렵부터라고 추정되고 있다. 그런 인식 역시 주변 어른들과의 무수한 상호작용을 통해 비로소 형성된 것이다. 가수인 아즈사 미치요梓みちよ 씨처럼 아름다운 목소리로 "안녕 아가야, 내가 엄마란다"라고 다정하게 가르쳐준다고 '아이'가 '엄마'란 무엇인지 추상화하고 인식해갈 수 있는 것은 아니다.

생활 세계의 의미 부여

평소 그다지 화제가 되거나 일부러 의식하지 않지만, 사회적 상호작용을 원활하게 진행시키기 위해 또 한 가지 빠뜨릴 수 없는 조건이 있다. 전문용어로 말하자면 '생활 세계(현실)의 의미'나 '상황의 정의'에 대한 공유라는 것이다. 쉽게 말하자면 우리들이 생활하고 있는 생활 세계가 어떤 의미를 가지고 정의되고 있는지에 대해, 사회생활을 함께 하는 타인들과 인식을 같이하고 있는가에 대한 여부라고 할 수 있다.

우리들이 생활하고 있는 생활 세계는 자연물이나 인공물로 구성된, 우리들의 주관과는 완벽히 무관한 객관적·물리적 공간 따위가 결코 아니다. 우리들이 보고 있는 사물 세계는 본래 무의미한 카오스(혼돈) 세계다. 하지만 우리 인간들이 살아가고 있는 현실의 생활 세계는 무의미한 세계가 아니다. 오히려 '의미 과잉 상태'라고 할 수 있을 정도로 다른 부분들과 명확히 구분된 명칭이나 의미가 부여되고 있다. 실제로 행위가 이루어진 상황 하나하나에 대해서도 마찬가지다. 그것이 어떤 상황인지 의미가 부여되며 정의되고 있다. 예를 들어 학교란 공부하는 곳, 병원은 병을 고치는 곳이라는 식이다.

하지만 골치 아프게도 그런 구분이나 명칭, 의미 부여는 사회적·문화적 차이에 의해 서로 상이하다. 따라서 우리들은 우리 스스로가 생활하고 있는 사회에서 생활공간이 어떻게 구분되고 명명되는지, 그리고 그런 것들이 어떤 의미를 가지는지, 다른 사람들과 사회생활을 함께 하며 다양한 상호작용을 통해 하나하나 습득하고 공유해가야 한다.

한 가지 예를 들어보자. 일본인들은 화학 표기로 똑같이 H_2O로 표기되는 어떤 물질을, 그 온도가 체온 이하인지 체온 이상인지에 따라 구별하여, 체온 이하인 상태를 '물水'이라고 부르고, 체온 이상의 상태를 '뜨거운 물湯'이라고 구분하며 생활하고 있다. 하지만 영어권 사람들은 체온 이하인지 이상인지에 따라 굳이 구분하지 않고 모두 '워터 water'라고 부른다. 따라서 홍차를 타려고 하는 영국인 남편이 아내를 향해 '워터'라고 말할 때라면 아내는 비등한 뜨거운 100도의 H_2O를 가지고 가야 하며, 한여름 오후가 지나 귀가한 일본인 남편이 아내를 향해 '물!'이라고 소리치면 차갑게 식혀둔 H_2O를 내놓는 것이 적절한 행동이 된다고 볼 수 있다.

'상황'에 대해서도 마찬가지다. 오십 줄로 보이는 사내와 스무 살 남짓의 여자가 특정 장소에 있다가, 남자가 여자를 향해 "옷 벗으세요"라고 말했다고 치자. 만약 해당 장소가 병원 진찰실이라면 남자 '의사'가 여자 '환자'에게 한 말로 적절할 수 있다고 모든 사람들이 납득할 터이다. 하지만 똑같은 말을 이번에는 대학 연구실에서 말했다면 과연 어떨까. 중년 남성 '교수'가 여자 '대학생'에 대해 저지른 성추행으로 가히 재판에 넘겨질 이야기다. 똑같은 사람이 똑같은 일을 똑같이 해도, 상황이 다르면 완전히 다른 의미가 될 수 있는 것이다. 진찰실과 연구실이 제각각 다르게 정의된 곳이기 때문에 일어난 희비극이라고 할 수 있을 것이다.

이런 사태를 불러일으키지 않고 서로 적절한 행동을 주고받기 위해서는 행위가 이루어지는 장소나 상황이 그 사회에서 어떻게 정의되고 있는지, 미리 정확히 공유되고 있어야만 한다. 생활 세계의 의미나 '현실'이란 것도 사람들의 상호작용에 의해 만들어지고 공유되어간다는 것이 버거Peter Ludwig Berger나 루크만Thomas Luckmann 등 현상학적 사회학자들의 시각이다(야마구치 세쓰오山口節夫 역『일상 세계의 구성日常世界の構成』). 그렇다면 사회생활을 함께 하는 사람들이 생활 세계의 의미를 습득하고 현실을 구성해가는 과정이란, 사회생활의 과정, 즉 타자와의 상호작용을 반복하는 과정과 병행하고 있음은 자명한 사실일 것이다. 사람들은 생활 세계 안에서 다양한 타자와 상호작용을 거듭함으로써 생활 세계의 의미나 상황에 대한 정의를 습득하고,

습득된 의미나 정의를 공유함으로써 상호작용을 한층 원활하고 안정되게 전개해간다. 최근 어른들이 젊은이들이나 아이들이 하는 말과 행동을 이해하지 못하는 사태가 진행되고 있는 까닭은, 어른들과 아이들 사이에서 생활 세계의 의미나 상황 정의가 공유되지 않고 있기 때문이다. 다소 골치 아픈 이야기지만 이런 점들은 반드시 많은 사람들에게 널리 공유되길 바라는 바이다.

이상과 같이 인간의 사회적 상호작용을 구성하게 해주는 조건으로서 언어와 의미, 사회적 위치와 역할의 인식, 그리고 생활 세계 의미의 공유 등에 대해 설명해보았다. 하지만 이밖에도 반드시 공유되어야 할 중요한 것들은 다수 존재한다. 예를 들어 욕구를 충족시키기 위해 무엇이 올바르고 무엇이 그른지에 대한 개념이라고도 할 수 있는 가치관 역시 마찬가지다. 혹은 상황에 따라 어떤 행동이 허락되고 어떤 행동이 허락되지 않는지에 대한 기준인 규범도 서로 공유되어야 한다. 또한 무엇이 아름답고 무엇이 추한지를 좌우하는 미의식도 마찬가지다. 상세한 설명은 일단 생략하겠으나, 이런 것들 모두가 앞서 언급한 세 가지와 마찬가지로, 사회생활 속에서, 즉 같은 상황 속에

서 동일한 체험을 하는 타자와의 무수한 상호작용을 통해
익히고 공유되어간다는 점을 강조해두고 싶다.

3 인간의 사회적 특성의 재확인

인간의 사회적 행동에 관한 새로운 학설

1970년대부터 인간의 사회적 행동에 관한 새로운 학설
이나 연구가 눈에 띄게 되었다. 1970년경부터 콘라트 로
렌츠Konrad Lorenz 등의 선도에 의해 발전해온 동물행동
학, 1980년경 에드워드 윌슨Edward O(sborne) Wilson이 제
창하여 큰 반향을 일으켰던 사회생물학, 그리고 약 1980
년대 말 미국에서 레다 코스미디스Leda Cosmides에 의해
주창된 진화심리학 등이 대표적인 것들이다.

콘라트 로렌츠는 동물행동학의 과학적 연구방법을 확
립하고 이를 통해 동물 행동에서 보이는 독특한 특성을 명
확히 하여 노벨상을 수상한 바 있다. 그가 밝혀낸 흥미로
운 사실은 이루 다 헤아릴 수 없지만, 예를 들어 '종의 보
존본능설'이나 '각인설' 등이 저명하다. '종의 보존본능설'

이란 같은 종끼리의 다툼일 경우, 동물들은 서로 죽을 때까지 싸우지 않고 의례적인 투쟁 행동을 취함으로써 사회 관계의 유지와 종족보존을 기하려 한다는 학설이다. '각인설'은 이른바 회색기러기의 애착 행동을 말한다. 회색기러기 새끼는 갓 태어났을 때 맨 처음 보는 '움직이는 것'을 어미인 줄 알고 쫓아다닌다고 한다. 동물들에게서 보이는 이런 사회적 행동은 인간에게서도 발견될까. 로렌츠의 영향으로 요즘 이런 분야에 대한 관심에 바탕을 둔 신생아 연구가 왕성히 이루어지고 있으며, 다수의 흥미로운 사실들이 밝혀지고 있다. 이를 통해 분명해진 어린 아기들의 행동 특성에 대해서는 다음 장에서 소개할 예정이다.

또한 에드워드 윌슨은 1975년 『사회심리학』이라는 제목의 책을 출판하고 인간을 포함한 모든 사회적 동물의 사회적 행동은 생물학의 원리로 설명되어야 한다고 주장했다. 윌슨에 의하면 인간들이 영위하는 사회생활 대부분의 측면들은 인간들의 유전 구조에 그 뿌리를 두고 있다는 것이다. 이런 주장은 나치를 연상케 하는 유전적 결정론의 재등장이라며 진보적 입장에 선 철학자, 문화인류학자, 사회학자 등으로부터 맹비난을 받기에 이른다. 하지만 사회적 동물이 가지고 있는 동료에 대한 공감이나 봉사 등은 사회적 본능이라는 다윈의 학설을 바탕으로, 인간의 이타적 행동의 생물학적 근거를 궁극적으로 파헤치려는 연구가 서서히 흥미로운 연구 성과를 축적하기 시작하고 있다는 점도 분명했다.

가장 새로운 진화심리학이 제창되기 시작했던 것은 1980년대 말경부터다. 일본에서는 1997년 4월 잡지 『과학』에서 드디어 특집(「인간의 마음의 진화」)이 나오게 된 단계라고 할 수 있다. 동정이나 공감 등 사회적 감정을 포함한 인간의 심적 활동에는 유전적 기반이 있으며, 그 기반은 인간이 사회생활을 계속하는 가운데 진화되어온 것이라는 입장에서 연구를 시작한 학파다. 제창자 레다 코스미디스의 연구는 "인간은 호혜적 이타행동을 현저히 진화시킨 동물이다"라는 인식에서 출발하고 있다고 평가된다(사쿠라 오사무佐倉統 『진화론의 도전進化論の挑戦』). 금후의 연구 성과를 매우 기대할 수 있는 분야라고 할 수 있다.

사회생활이 인간의 뇌를 진화시켰다

이런 새로운 패러다임에 바탕을 둔 연구가 진행되면서 동물이나 인간에 대한 새로운 사실이 다수 드러나고 있다. 하지만 인간에 대한 가장 핵심적인 사항임에도 불구하고 여전히 미지의 상태인 것들이 상당하다. 일례로 애당초 왜 인간의 뇌는 신체의 크기에 비해 이렇게 커졌을까.

뇌의 비대화에 대해서는 최근의 여러 연구 성과에 의해 거의 밝혀지고 있다. 결론적으로 말하자면 인간의 뇌가 커진 것은 인간을 포함한 사회생활과 밀접하게 관련되어 있기 때문이라고 한다. 기존의 설에서는 인간의 뇌가 큰 까닭은 인간이 도구를 사용하는 동물이기 때문이었다. 하지만 새로운 설은 이를 부정하고, 인간의 뇌가 큰 것은 인간의 사회적 활동이 복잡하기 때문이라고 파악하고 있다. 이것은 인간의 사회력과 관련하여 매우 중요한 사실이라 생각되기 때문에 좀 더 상세히 소개해보자.

인간의 뇌는 동일한 크기의 포유류의 약 11배에 이른다. 증가한 뇌의 대부분이 신피질이라 불리는 뇌의 표면 부분으로, 뇌 전체 용량의 80%에서 90%를 점한다고 한다. 신체의 크기에 비해 뇌가 큰 것은 역시 집단적으로 사

회생활을 하고 있는 원숭이 부류도 마찬가지였다. 그런 점 때문에 뇌의 크기와 사회생활과의 관계에 관한 최초의 연구는 영장류를 대상으로 이루어졌다. 그 결과 1990년과 1992년, 일본과 미국에서, 영장류라도 그 종류에 따라 사회집단의 크기가 상이하다는 사실이나 뇌의 크기는 집단의 크기와 거의 비례하는 형태로 커졌다는 사실이 밝혀졌다(사와구치 도시유키澤口俊之 『뇌와 마음의 진화론腦と心の進化論』). 이 사실의 발견자 중 한 사람인 던바Robin Dunbar 박사에 의하면 "영장류의 엄청난 뇌의 진화가 그 사회적 행동의 복잡함에 기인한다는 가설은 바야흐로 확고한 것"으로 간주된다고 한다. 이 가설은 이미 '사회적 뇌 가설social brain hypothesis'이라는 명칭으로 널리 알려진 바와 같다(『과학』 1997년 4월호).

이 가설은 인간에게도 적용될까. 당연히 연구는 그런 방향으로 진행되었고 오랜 연구 끝에 인간의 뇌 크기가 150명 규모의 집단을 유지하는 데 알맞은 크기라는 사실이 밝혀졌다. 그렇다면 왜 인간의 뇌는 150명 규모의 집단에 알맞은 크기일까. 여전히 전통적인 수렵 및 채집에 의해 살아가고 있는 사람들을 대상으로, 그들이 만들고 있는 기능집단 사이즈를 조사해본 결과, 멤버끼리 서로 알고 지내고 신뢰를 바탕으로 상호작용을 하며 그 나름대로 규합이 잘 되고 안정된 집단의 경우, 대부분 150명 전후의 규모라는 사실이 밝혀졌다는 것이다. 우리 인간들은 오늘날에는 복수의 언어를 구사하고 다양한 커뮤니케이션 기기를 이용함으로써 좀 더 많은 인간들과 서로 교류하고 있다. 복잡하게 조직된 사회라면 더더욱, 어느 정도 규모의 상호 신뢰할 수 있는 집단에 터를 잡는 것이 사회생활에 잘 적응하기 위해 필요하다고 한다.

어쨌든 인간이 영위하는 사회생활은 우리들이 상상하고 있는 이상으로 복잡하고, 그만큼 뇌의 정보처리기능을 크게 만들 필요가 있었던 것이다. 그 결과 뇌의 신피질이 비대해졌다는 말이다. 인간의 생존에 있어서 사회생활이 얼마나 중요한지 미루어 짐작할 수 있을 것이다.

인간 안에 있는 사회력의 근원

인간이 생존하고 인간답게 성장해가기 위해서는 사회생활을 영위하고 서로가 서로를 도우며 살아가야 한다.

그런 사실을 나타내는 생물학적 근거는 이밖에도 다수 확인된다. 그 한 가지가 인간의 호혜적 이타행동이다. 호혜적 이타행동이란 혈연관계가 없는 사람들 사이라도 훗날 상대방이 갚아줄 가능성만 있다면 자신의 이익을 희생해서라도 다른 누군가의 이익이 될 일을 기꺼이 해주는 인간의 행동을 말한다. 이 설을 맨 처음 주창한 사람은 사회생물학 제창자로 알려진 윌슨(하버드대학)의 조교를 역임했던 로버트 트리버스Robert Trivers였다. 트리버스에 의하면 인간은 공동생활이 필요한 동물이므로, 공동생활을 지속시키기 위해 이런 호혜적 이타행동을 진화시켜왔다는 것이다. 그리고 이타행동 그 자체는 다른 동물에게서도 종종 발견되지만 인간들에게서 가장 진전된 형태를 보이고 있다고 말한다. 이유는 인간들의 경우, 호혜적 이타행동이 진화하는 조건인 ①같은 멤버와 오래 사귄다, ②서로 상대가 어떤 사람인지 알고 있다, ③기억력이 좋다 등, 세 가지 조건이 모두 완벽히 갖추어져 있기 때문이라는 것이다.

하지만 이런 가설은 객관적 실험에 의해 증명되지 않으면 의미가 없을 것이다. 한편 '4장 카드 문제'를 이용한 사회적 과제를 생각하고 그것을 실제로 여러 사람들에게 시

키는 실험을 하여 '호혜적 이타행동설'이 사실임을 증명한 사람들이 있었다. 진화심리학 분야를 개척한 레다 코스미디스와 존 투비John Tooby 등이다(전게『진화론의 도전進化論の挑戰』). 사회생활을 지속시키기 위해 더할 나위 없이 적합한 이런 특성들이 인간에게 갖추어져 있다는 것은, 애당초 인간이 사회를 만들고 사회 안에서 살아가도록 되어 있다는 것을 의미한다.

호혜적 이타행동과 시각적 공동 주시

우리 인간들이 호혜적 이타행동을 할 수 있는 것은 다른 사람이 지금 어떤 입장에 놓여 있으며 어떤 심리 상태인지 정확하게 헤아릴 수 있는 것을 전제로 하고 있다. 예를 들어 자동차 사고로 갑자기 남편을 여의고 유치원이나 초등학교에 다니는 두 아이들과 함께 홀로 살아가야 할 어떤 여성이 있다고 치자. 지인 중 한 사람이 그 여성에게 상당한 액수의 생활비를 제공할 경우, 돈을 제공한 사람이 그런 행위를 취한 것은 미망인의 처지가 어떤지를 충분히 헤아리고 있으며, 여성이 지금 얼마나 곤혹스러워하고 있는지, 가히 그 심정을 이해할 수 있었기 때문일 것이다.

그렇다면 어떻게 우리들은 타인의 마음을 헤아릴 수 있을까. 일반적으로 '마음 이론'이라 불리는 연구가 1970년대 후반 프리맥Premack 등에 의해 개시되고 있는데, 최근의 연구 성과들은 그런 메커니즘에 대해서도 해명해나가고 있다.

타인의 마음을 헤아리는 능력의 발달은, 우선 누군가가 무언가를 주시하는 것에 의해 그 사람 내면에 촉발되고 있을, 그 사람의 어떤 종류의 심리 상태를 이해하는 데서 출발한다고 생각할 수 있다. 쉽게 말하자면 아기가 엄마가 보고 있는 것과 똑같은 것을 바라보면서 엄마가 지금 어떤 생각을 하고 있는지 적절하게 읽어낼 수 있게 되는 것, 그것이 마음이 만들어지는 최초의 단계라는 것이다. 그렇다면 '시각적 공동 주시'라 불리는 이런 행동을 할 수 있게 되는 시기는 언제쯤일까. 어떻게 하면 그것이 가능한지 확인할 수 있을까. 그렇게 생각하고 '시각적 공동 주시'를 확인할 최초의 실험을 했던 사람이 스카이프 등이었다.

유아와 마주하고 어머니가 유아와 아이 컨택eye contact(눈과 눈의 시선 마주치기)을 취한 후 시선을 서서히 이동시켰을 때, 유아가 어머니의 시선을 쫓아가는지를 조사했던 것이다. 그리고 생후 겨우 2개월 된 유아 중에도 어머니의 시선을 따라갈 수 있는 아이가 있었다는 사실, 생후 14개월 된 유아라면 전원이 시선을 따라갈 수 있었다는 사실을 확인했다. 그 후에도 몇 사람인가 더더욱 참신한 아이디어를 바탕으로 실험을 거듭했고 모든 실험에서 아이들이 극히 이른 시기부터 타인의 시선을 알아차리고 그 사람과 동일한 방향으로 시선을 향하게 할 수 있다는 사실을 확인했다. 새끼고양이를 보면서 어머니가 "귀엽구나!"라고 말했다면 똑같은 새끼고양이를 본 아이도 '귀엽다'는 감정이 어머니의 내면에서 발생되고 있다는 것을 헤아리며 자신의 내면에서 일어나는 감정이 "귀 · 엽 · 다"는 음의 연속으로 나타낼 수 있다는 것을 습득해가는 것이다. 마음의 형성에서도 상호작용이 결정적인 역할을 하고 있다는 사실을 이해할 수 있을 것이다.

호혜적 이타행동이든 시각적 공동 주시든, 이런 행위는 인간이 타인과 공동생활을 해가는 데 지극히 중요한 행동이라는 점에 공통점이 있다. 이런 특성이 선천적으로 인간에게 갖추어져 있다는 것의 의미는 중대하다고 할 수 있다. 인간에게는 사회를 만들어가는 사회력의 근원이라 할 만한 것이 선천적으로 갖추어져 있다는 말일 것이다. 그렇다면 우리들이 생각해야만 할 궁극적인 문제는 어떻게 하면 그런 특성을 온전히 가동시킬 수 있는가 하는 것이다.

4 사회력이란 무엇인가

인간이 사회를 만든다

우리들은 평소 대화를 할 때 "우리들은 사회 속에서 살고 있다", "사회의 벽은 두꺼워!", "사회도 변했네" 혹은 "자네도 앞으로는 사회의 거친 풍파를 이겨내지 않으면 안 되지"라는 말들을 자주 입에 올린다. 그리고 그때 이런 말을 입에 담은 사람도, 그것을 듣고 있는 사람도, 마치 '사회'라는 실체가 우리 인간들과는 별개로 존재하는 것처럼 생각하고 있다. 실체로서의 사회가 있다는 것을 딱히 신기하다고 생각하지도 않는다. 또한 우리들은 "아이들이 변한 것은 사회가 변했기 때문이다" 혹은 "이런 사회에서 인류는 살아갈 수 없다"고 말하며, 그러므로 "조속히 사회를 바꾸지 않으면 안 된다"는 말도 한다. 그렇게 말하거나 듣고 있는 우리들이 그 순간 머릿속으로 떠올리고 있는 것은 사회라는 구조나 조직, 제도나 법률, 교육의 내용 등이다. 개별적인 인간들을 떠올리는 것은 아니다.

하지만 조금만 객관적으로 생각해봐도, 사회라는 실체가 인간과 별개로 존재하지는 않는다는 사실에 대해 바로 생각이 미칠 것이다. 여기에 이런 사회가 있다거나, 저기에 저런 사회가 있다고 말하며 손가락으로 가리킬 수 있는 사회 따위는 어디에도 존재하지 않는 것이다. 사회가 실체로서 존재한다면, 그것은 살아서 숨을 쉬며 생활하고 있는 인간 그 자체뿐이다. 인간 이외에 사회의 실체를 이루는 것은 없다. 사회의 실체라고 지레짐작하고 있는 조직이라든가 제도, 법률 등도 인간이 사회생활을 영위하는 과정에서 사회생활을 원활하게 하기 위해 편의적·잠정적으로 만든 가상의 것일 뿐, 살아 있는 우리 인간들과 분리되어 객관적으로 존재하고 있는 것은 아니다. 때문에 제도나 법률 등은 우리들이 생활하는 데 불필요하다고 생각하면 언제든지 없앨 수 있는 것이며 불합리하다면 언제든지 변경할 수 있는 대상이다. 사회에 대해 생각할 경우, 우선 이 점을 명확히 머릿속에 넣어두길 바란다.

반복하지만 사회의 실체는 살아 있는 인간이다. 몇몇 살아 있는 인간들이 모여 있는 상태가 사회라는 것의 실체다. 그렇다고 해도 몇몇 인간들이 서로 아무런 관계도 없이 그저 막연하게 모여 있는 상태라면 사회라고 말할 수 없을 것이다. 복수의 인간들이 혈연이나 지연이나 계약 등에 의해 어떤 식으로든 관련성을 가지고 모여 있는 상태가 사회라는 것이다. 어떤 식으로든 관련성을 가지고 모여 생활하기 시작한 사람들은 그런 상태를 서로 유쾌한 것으로 만들고 오랫동안 지속시키고자 하기 마련이다. 그래서 몇 가지 약속들이 만들어지게 된다. 그리하여 만들어진 약속들을 일반적으로는 '문화'라고 부르는데, 그 문화의 구체적 내용은 언어나 조직(제도), 규칙(규범)이나 법도(법) 등이다. 이런 문화의 규모를 늘리고 계속 개선해가며 복잡하게 만들고, 그런 것들을 다음 세대로 물려주며 사회 규모를 크고 탄탄하게 만들어왔다는 것이 인간사회의 대략적인 역사라 이해해도 무방할 것이다.

사회를 만들고 운영하고 바꾸는 힘으로서의 사회력

그렇다면 이 책에서 말하는 '사회력'이란 무엇일까. 단적으로 말하면 사회를 만들고 만든 사회를 운영하면서 그 사회를 끊임없이 다시 만들어가기 위해 필요한 자질이나 능력이다. 이런 의미를 담은 사회력은 일본에서는 '사회화'로 번역되고 있는 짐멜의 'Vergesellschaftung'라는 용어에서 힌트를 얻어 필자가 새롭게 만든 개념이다.

사회학에서는 일반적으로 '사회화socialization'라는 개념을 어떤 사회에서 태어난 아이가 그 사회의 당당한 성원이 되어가는 과정이라는 의미로 사용하고 있다. 따라서 짐멜이 사용하고 있는 사회화의 개념은 짐멜의 독자적인 개념이다.

그런데 짐멜의 사회화 개념에 대해서는 이번 장의 제1절에서 약간 설명했는데, 여기서 다시금 간단히 정리해보겠다. 짐멜이 말하는 사회화란 "사람들이 일상적으로 반복하고 있는 상호작용이 사회란 것을 성립시키고 있는 실체이며 그것이 사회를 사회답게 만든다는 의미에서 사회화라고 표현할 수 있다"는 것이다. 사회를 성립시키고 있는 일상생활의 어떤 상태를 사회화라고 명명했다고 할 수 있을 것이다. 이에 반해 필자가 말하는 사회력이란 사회 생활을 영위하는 사람들의 '어떤 상태'를 말하는 것이 아니라, 사회라고 하는 것을 만들어가는 인간들 쪽의 '능력'이라든가 '의욕' 등을 말하는 것이다.

이해하기 쉽게 설명하기 위해 짐멜이 사용한 Vergesellschaftung이란 용어를 해체해보면, Ver란 접두어와, gesellschaft라는 본체 부분과 -ung이라는 접미어 등, 총 세 부분으로 나뉜다. 접두어 Ver-는 뭔가를 시작할 때 내는 소리와 비슷하고, 본체인 gesellschaft는 요컨대 사회 그 자체를 말하는 것이며 접미어인 -ung은 영어의 진행형을 나타내는 -ing처럼 어떤 행위가 지속되고 있음을 나타내는 명사형이다. 그렇게 살펴보면 Vergesellschaftung은 그야말로 사회를 만들어가는 작업 그 자체, 즉 '사회를 만들어가는 구동력'을 연상시킨다. 적어도 나에게는 그렇게 생각된다. 그런 까닭에 이 책에서 말하는 사회력은 사회의 특정한 상태를 말하는 것이 아니라, 좀 더 주체적으로 바람직한 사회를 구상하고 만들고 운영하고 개혁해가려는 의도와 능력을, 그를 위한 일상적 활동을 포함한 의미로 사용하고 싶다.

이렇게 설명하면 많은 사람들이 심리학의 상용어가 된 '사회성'의 개념과 어디가 어떻게 다른지 반문하고 싶어질 것이다. 그래서 사회성에 대해 조사해보면, 자주 사용되고 있는 용어치고는 그 정의나 내용이 심리학자 사이에서 공유되지 않고 있다는 사실을 알게 된다. 넓은 의미에서는 "사회가 지지하는 생활습관, 가치규범, 행동규범 등에 의해 행동할 수 있다는 사회적 적응성"을 가리키고 있으며, 좁은 의미에서는 "타인과의 원활한 대인관계를 영위할 수 있다는 대인관계능력"을 의미하고 있다고 한다(한타스스무繁多進 외 편『사회성의 발달심리학社会性の発達心理学』). 하지만 그렇다고 해서 심리학자 사이에서 사회성에 대한 이미지가 제각각인 것은 아니다. 심리학자가 이미지로 떠올리는 사회성이란, 궁극적으로는 현재 자신이 살고 있는 사회에 잘 적응하고 있는지가 포인트다. 적응력이 있는 것이 사회성을 갖추었다는 증거라는 점에서 인식이 일치하고 있다고 해도 무방할 것이다. 이런 이미지로 정의하자면 사회성이란 "이미 있는 사회에 잘 적응하는 것"이라든가 "사회에 적응해서 헤쳐 나갈 수 있는 여러 가지 지혜나 기술을 익히는 것"이라는 말도 된다. 그 사회에 지배적인 가치관이나 행동방식, 관례나 말투 등을 익히고 해야 할 일을 나무랄 데 없이 해내며 다른 멤버들과의 인간관계도 잘 해나가는 사람이 있다면, 그 사람은 사회성이 풍부하다고 볼 수 있다.

이렇게 설명하면 이 책에서 말하는 '사회력'과 기존에 주로 심리학자들에 의해 사용되어왔던 '사회성'이 어디가 어떻게 다른지 분명해질 것이다. 사회성의 개념이 실제로 있는 사회 측에 중점을 두고 있는 것에 반해, 사회력이라는 새로운 개념은 사회를 만드는 인간 측에 역점을 둔 개념이라고 말할 수 있다. 사회성이 기존 사회에 대한 적응을 메인으로 하고 그 사회의 유지를 지향하는 개념이라면 사회력은 기존에 있는 사회의 혁신을 지향하는 개념이라고 해도 무방하다.

지금 어린이들이나 젊은이들의 사회성 부족이 지적되고 있지만, 필자의 시각에서 보면 젊은 세대에게 부족한 것은 '사회성'이 아니라 오히려 '사회력'이다. 좀 더 나아가자면, 사회력이 결여되어 있는 것은 비단 젊은 세대만이 아니다. 기성세대인 어른들에게도 상당히 결여되어 있는 것이 현 상태라고 볼 수 있을 것이다.

사회력의 밑바탕으로서의 타자인식

이 책에서 제시한 사회력에 대해 설명해보았다. 사회력이 이런 의미라면 아무런 밑바탕 없이 느닷없이 배양되는 것은 결코 아닐 것이다. 확고한 사회력에는 그만큼의 기반이 필요하다는 말이다. 그렇다면 사회력의 기반이 되는 사항, 혹은 능력이란 어떤 것일까. 그 내용은 크게 나누어 두 가지로 살펴볼 수 있다. 하나는 타자를 인식하는 능력이며, 나머지 하나는 타자에 대한 공감능력 내지는 감정이입능력이다. 각각에 대해 좀 더 상세히 설명해보겠다.

우선 타자인식에 대해서다. 타자를 인식한다는 것은 타자를 이해한다는 것이다. 좀 더 쉽게 말하자면 다른 사람에 대해 잘 알 수 있다는 말이다. 그렇다면 다른 사람에 대해 잘 알 수 있다는 것은 무슨 말일까. 평소 우리들은 "저 사람은 매우 상냥해!", "그녀는 옷 입는 센스가 탁월해", 혹은 "그는 머리가 좋아!" 등의 이야기를 자주 한다. 이런 말투를 하고 있노라면, 다른 사람을 안다는 것이란 그 사람의 성격, 센스, 혹은 능력 따위를 안다는 것이라고 착각하기 쉽다. 하지만 여기서 말하는 타자인식이란 그런 것을 가리키는 말이 아니다. 제2절에서 설명했던 것과 다소 중

첩되지만, 타자를 인식한다는 것은 우선 사회생활을 함께 하고 있는 사람들이 제각기 어떤 사회적 위치를 차지하며 행동하고 있는지를 알 수 있다는 말이다. 살이 찌고 안경을 쓴, 인상 좋아 보이는 한 남성이 있다고 치자. 우리들은 그 사람과, 그렇게 보이는 외모를 한 인간이라고 생각하며 상호작용하고 있는 것은 아니다. 우리들이 상호작용을 할 때 염두에 두고 있는 것은 그 사람이 차지하고 있는, '남편'이라든가 '아버지', '선생님'이라든가 '조합의 임원', 혹은 '시짓기 모임 회원' 등의 사회적 위치다. 그렇기 때문에 그가 살이 쪘든 안 쪘든, 옷 입는 센스가 좋든 나쁘든, '선생님'인 그에 대한 대응방식에는 차이가 없는 것이다. 사회생활을 잘 해나가기 위해서는, 그리고 제대로 된 사회력을 형성하기 위해서는, 사회의 누구누구 아무개에 대해 그런 인식을 할 수 있어야 한다.

미국의 사회심리학자 조지 허버트 미드George Herbert Mead는 아이가 타자에 대해 이런 인식을 하는 것을 "타자를 취득한다"고 표현한 바 있다. '타자를 자신의 내부로 끌고 들어오는 것'은 그대로 '사회를 자신의 내부로 끌고 들어오는 것'으로 이어진다. 아버지, 어머니, 형, 누나, 남동

생, 여동생, 할아버지, 할머니라는 사회적 위치가 제각각 어떤 특징을 가지고 있는지, 제각각의 위치에 있는 사람들이 어떤 행동을 하는지, 그에 관해 전부 알고 있다는 것은 가족이라는 '사회 제도'에 대해서도 충분히 이해하고 있다는 말이 될 것이다. 이렇게 설명하면 어째서 타자인식이 사회력 형성의 밑바탕이 되는지 미루어 짐작할 수 있을 것이다.

타자인식에는 또 하나 중요한 측면이 있다. 그것은 상대의 입장에 서서, 혹은 상대방의 입장이 되어 어떤 것을 바라보거나 생각할 수 있다는 말이다. 아버지와 자식의 관계로 설명하자면 아들 쪽은 아버지가 자신에 대해 어떻게 바라보고 있는지 이해할 수 있다. 좀 더 알기 쉬운 예로 말하자면, 최근 아버지가 자신에게 엄격하게 대하는 것은 의사인 아버지의 대를 잇게 하려는 생각에서인데, 정작 아들인 자기는 의대에 입학할 수 있을 만큼 성적을 올리지 못하고 있기 때문에, 아버지는 아버지 입장에서 안타깝게 생각되어 자기도 모르게 무섭게 대하게 되는 거라고 헤아릴 수 있다는 말이다. 이처럼 상대방의 입장에 서거나 상대방의 입장이 되어 생각할 수 있다는 것은 상대방에 대해 충분히 이해하고 있기 때문일 것이다.

사회력의 직접적 계기로서의 타자에 대한 공감능력

나머지 한 가지는 타인에 대한 공감능력 내지는 감정이
입능력이다. 이것은 상대방의 입장이나 상대방이 놓여 있
는 상황에 대한 이해가 있고, 그런 입장과 상황에 놓인 상
대방이 무엇을 생각하고 무엇을 원하는지 알고 있으며, 그
런 연유로 상대방에 대해 동정적이고 호의적인 감정을 보
일 수 있는 것을 말한다. '배려'라는 말이 있듯이, 그야말
로 상대방에게 호의적인 '마음'을 '보내는' 것이라고 해도
좋다.

심리학에서 말하는 용어로 '향사회적 행동prosocial be-
havior'이 있다. 향사회적 행동이란 자신이 가지고 있는 돈
이나 시간이나 노력 등의 자원resource을 아무런 대가를
기대하지 않고 다른 누군가의 이익을 위해 자발적으로 쓰
는 행동을 말한다. 자원봉사 활동도 그 하나라고 말할 수
있다. 이런 행동도 타자에 대한 공감능력이 있다는 증거
라고 할 수 있다.

하지만 여기서 말하는 타자에 대한 공감능력이란 상대방을 배려한다거나 누군가를 위해 향사회적 행동을 취한다는 따위의 적극적인 마음의 움직임이나 눈에 보이는 행동이라기보다는, 항상 마음속에 숨 쉬고 있는, 지극히 내면적인 심정이다. 직접 알고 있는지, 그 여부에 상관없이 항상 누군가에게 마음을 쓰고 있는 것이라고 해도 좋을 것이다. 직접적으로 알고 있던 어떤 남성이 교통사고로 아이 둘과 아내를 남기고 죽었다는 이야기를 듣고, 남겨진 사모님과 아이들이 앞으로 살아가기 힘겨울 거라고 안타까워하거나, 아프리카 말라위는 올해 가뭄으로 식량이 부족할 거라는 뉴스를 접하면 뭐라도 해줄 일이 없을까 고민한다. 이런 것이 공감능력이다. 이렇게 항상 다른 누군가에 대해 마음을 쓰고 있는 사람은 사회에 대한 관심을 계속 가지고 있는 사람이기도 하다. 사회를 만들고 사회를 운영하고 사회를 바꿀 수 있는 힘이라고 할 수 있는 인간의 사회력은 이런 마음의 움직임으로 지탱되고 있다는 사실을 결코 잊어서는 안 될 것이다.

5 사회력 쇠약이 초래하는 사회적 위기

사회력이란 바람직하다고 생각하는 사회를 구상하고 만들고 운영하고, 그 사회를 더더욱 개선시켜가는 힘이라고 파악했다. 또한 사회력이 본래의 기능을 발휘하기 위해서는 그 밑바탕에 충분한 타자인식이나 타자에 대한 공감능력이 필요하다고 언급했다.

그렇다면 사회력이 없어질 경우 어떤 사태를 초래하게 될까. 이번 장 마지막에서 이 점에 대해 간단히 언급해두고자 한다.

사회적 응집력의 쇠약이 초래하는 것

사회학에서는 사회적 응집력과 비슷한 용어로 사회적 응집성이 있다. 사회학에서 말하는 사회적 응집성이란 '집단 내 성원을 집단 내에 머무르도록 작용하는 전체적인 힘'을 말한다. 집단이 해당 멤버들의 마음을 사로잡고 모든 구성원을 하나로 만들어가는 매력을 가리키는 경우도 있다. 여기서 말하는 응집력도 그에 가깝다. 단 집단 그 자체의 매력이라기보다는, '구성원 개개인'이 서로의 마음을 매료시키는 것에 의해 전체가 하나가 되어가는 측면에 좀 더 방점을 둔 표현이다. 사회의 구성원들이 갖추고 있는 사회적 자력이라 해도 무방할 것이다.

사회든 조합이든 정당이든 학교 반이든 동아리든, 혹은 취미 서클이든 환경보호를 위한 시민단체든, 조직이나 집단이 그 목표를 실현하기 위해서는 멤버 전원이 자신이 속해 있는 집단이나 조직에 대한 소속의식이 높고, 자신이 해야 할 책임과 의무를 수행하려는 의욕이 강해야만 한다. 하지만 그것만으로도 충분치 않다. 집단이나 조직이 오랫동안 지속되고, 동시에 점차 좋은 방향으로 개선되기 위해서는 멤버끼리 서로 호감을 가지고 함께 뭔가를 할 수 있다는 사실 자체에 기쁨을 느끼는 것이 중요하다. 성원들이 그런 감정을 가지고 있으면 모든 개개인들이 집단이나 조직을 좀 더 나은 방향으로 향하게 하고자 의욕적으로 움직이게 될 것이다.

이는 사회 전체의 경우도 마찬가지다. 그 사회에서 태어나고 자라고, 지금 그 속에서 살고 있는 사람들 모두, 이 사회에 태어나길 잘했다고 생각하고, 지금 이렇게 살아가고 있는 것이 행복하다고 느낀다면, 사회는 전체적으로 응당 해야 할 기능을 충분히 다하고 있는 것이라 볼 수 있다. 또한 사회가 그런 상태에 있다면 우리들은 그 사회에 응집력이 있다고 말할 수 있을 것이다.

하지만 사회가 이런 상태에 이르기 위해서는 사회의 멤버들 각자가 몇몇 조건을 충족시켜야만 한다. 몇몇 조건이란 우선 사회 구성원이 서로 타인에 대해 관심과 애착과 신뢰감을 가지고, 그 바탕 위에서 사회를 성립시키는 요소들을 공유하고 있어야 한다. 동일한 언어를 동일한 의미로 사용하고, 어떤 위치를 차지한 자는 자신이 어떤 역할을 하도록 기대되고 있는지 숙지하고 있으며, 자신이 행동하는 상황이 어떤 의미를 지니는지도 충분히 파악하고 있고, 자신이 생활하고 있는 사회가 어떤 사회인지에 대해서도 이미지를 공유하고 있다.

하지만 일본의 현 상황을 살펴봤을 때, 이런 조건에 전혀 미치지 못하고 있다는 사실을 인정하지 않을 수 없다. 사람들은 서로 지나칠 정도로 무관심해지고 있으며, 그 결과 사회에 대한 관심을 잃고 있고, 나아가 우리 아이들이 사용하는 말을 부모가 이해하지 못한다. 선생님이 하는 이야기의 의미가 학생들에게 전달되지 못하고, 자신이 행동하고 있는 상황이 어떤 상황인지 인지하지 못한 채 행동하고, 주변 사람들이 어디서 무엇을 하든 내 알 바 아니라는 태도다. 자신의 이익과 관심에만 집착하며 살아간다면 사회가 좋아질 리 만무하다. 오히려 순식간에 사회적 붕괴가 진행될 수밖에 없다. 현재 일본에서는 사회적 응집력이 극도로 저하되어 있다.

응집력의 저하는 사회적 붕괴를 촉진시키는 데 그치지 않는다. 사회적 응집력의 저하는 바야흐로 살아가고 있다는 충만감조차 박탈하고 있다 해도 좋을 정도다. 왜냐하면 인간은 자신의 존재 가치를 타인에게 인정받을 때만 비로소 살아 있는 실감을 가질 수 있기 때문이다.

한시가 급한 사회 구상력 향상

현재 지구의 전체 인구는 60억이 넘는다. 세계은행의 예측에 의하면 앞으로 50년 정도 지나면 100억이 될 것이라고 한다. 그리고 100억 명 중 80%가 자원이나 환경조건이 열악한 제3세계 사람들이 될 것이라고 추측되고 있다.

만약 지구상의 인구가 세계은행의 예측대로 증가해간다면 지금도 식량부족이나 자원부족, 환경오염으로 극한 상황으로 치닫고 있는 인류의 장래는 도대체 어떻게 될 것인가. 조금 과장해서 말하자면, 우리들은 국가를 넘어 지구 전체를 거시적으로 바라보며, 금후 사회가 어떻게 변해갈지, 그 모습에 대해 근본적으로 고민해보고 사회 개혁에 착수하지 않으면 안 될 시점에 와 있다. 이런 시기에 우리들에게 요구되고 있는 것은 인간이나 사회에 대한 강한 관심이며, 사회 구조를 해부할 수 있는 능력이며, 바람직한 사회를 디자인할 수 있는 구상력이며, 무엇보다 그런 사회를 만들고 운영해갈 능력과 의욕이다. 이런 능력과 자세야말로 이 책에서 말하는 '사회력'인 것이다.

이런 문제의식을 가지고 일본의 현 상황을 살펴볼 때, 기성세대든 청년세대든, 이런 능력이 현저히 저하되어 있다고 말하지 않을 수 없다. 당연한 말이지만 미래 사회를 만들고 운영해갈 사람은 지금의 젊은이들이며 아이들이다. 얼마 후 지구상에서 모습을 감출 기성세대는 물론, 다음 시대를 짊어진 어린이들이나 젊은이들이야말로 사회를 만들고 운영해갈 자질이나 능력을 갖추고 있어야만 한다. 하지만 유감스럽게도 젊은 세대 쪽이 훨씬 더 사회력이 저하되고 있는 것이 현 실상이다. 어떤 형태로든 앞으로의 사회를 짊어지고 갈 사람은 지금의 젊은이들이며 아이들이다. 그토록 소중한 그들에게 사회에 대한 관심이나 사회를 운영해갈 힘이 없다면, 이 사회의 장래는 어찌될 것인가. 앞날은 불을 보듯 뻔하다. 젊은 세대의 사회력을 어떻게 길러줘야 할까. 이것이야말로 우리 기성세대에게 부과된 긴급한 과제라고 할 수 있다.

제3장 아이의 사회력은
어떻게 형성될까

제1장에서도 언급했듯이 요즘 아이들이나 젊은이들이
성장해가는 방식을 보면, 사회력 부족을 우려스럽게 만드
는 행동 특성이나 사회적 현상들이 눈에 띈다. 자기중심적
이라든가, 인간관계가 서툴다든가, 타인에게 무관심하다
든가, 과제설정 능력이 없다든가, 지역 활동에 대한 관여
가 극도로 적다든가, 등등의 특성이나 현상들이 그것이다.
일본의 아이들은 무슨 이유로 갑자기 이런 경향이 강해진
걸까. 다음 장에서는 그 원인에 대해 사회 변화와 연관시
켜 고찰해보고자 하는데, 그 전에 아이의 사회력이 어떻게
만들어지는지에 대해 우선 꼼꼼히 살펴보기로 하겠다.
　"사회성이 없다"는 지적은 자주 듣는다. 사회성을 길러
야 한다는 선의의 구호 역시 적지 않다. 문부성이 권장하
는 '살아가는 힘'을 기르는 교육도 그 일례라고 할 수 있
다. 하지만 실상을 살펴보면 구호만이 선행할 뿐, 정작 가
장 중요한 핵심이 빠져 있다. 어떻게 해야 사회성을 기를
수 있는지에 대한 명확한 청사진이 제시되지 않고 있는 것
이다. 심지어 어떻게 해야 사회력을 기를 수 있을지, 그 원
리나 메커니즘을 정확하게 파악하고 있는 것도 아니다.
정확한 지반조사와 설계도 없이 어떻게 지진을 견뎌낼 수

있는 탄탄한 건물을 만들 수 있으랴. 이런 자가당착 상태를 극복하기 위해 우선 사회력이 형성되는 메커니즘을 정확히 이해해둘 필요가 있을 것이다. 이번 장에서는 신생아나 영유아에 관한 최근의 연구 성과를 바탕으로 사회력이 배양되는 과정과 구조를 차근차근 밝혀보기로 하겠다.

1 고도의 능력을 가진 아이

급속히 진행된 신생아 연구

최근 2, 30년 동안 뇌 과학이나 인지과학의 진보는 실로 눈부시다고 할 수 있다. 뇌 과학 분야 연구에 유능한 인재들이 다수 종사하게 되었고, 다양한 실험 장치나 기기, 해부 수법 등이 개발됨으로써 복잡한 뇌 기능들이 차츰 밝혀지고 있다. 그리고 다양한 운동 기능은 물론, 언어나 의식, 감정이나 기억 등 인간 특유의 마음의 작용에 대해서도 뇌와 연관 지어 설명할 수 있게 되었다.

이런 뇌 과학 진전에 자극을 받아 발전해온 것이 인지과학이다. 인지과학은 인간만이 가지고 있는 특성을 과학적 · 실증적으로 해명하고자 1960년 이후 출발한 학문이다. 심리학의 주류를 이루고 있던 행동주의적 심리학에 반발하여 브루너Bruner와 조지 밀러George Armitage Miller가 1960년 하버드대학 인지연구센터를 개설한 것이 본격적인 연구의 시작으로 간주되고 있다. 이후 허버트 사이먼Herbert Alexander Simon, 도널드 올딩 헤브Donald Olding Hebb, 노암 촘스키Noam Chomsky, 힐러리 퍼트넘Hilary Whitehall Putnam 등이 이 분야 발전에 공헌하여 바야흐로 인간 연구의 주류를 이루기에 이르렀다. 인간 특유의 능력은 유전에 의한 것일까, 아니면 후천적인 학습에 의한 것일까. 언어 능력과 함께 인지 능력에 대해서도 상당 기간 이런 논의가 계속되어왔다. 과연 어떤 능력이 인간에게 선천적으로 갖춰진 것일까. 연구의 관심은 자연스럽게 이런 방향으로 나아갔다. 선천적인 능력이 무엇인지를 확인하기 위해서는 신생아를 연구할 수밖에 없다. 생후 얼마 되지 않은 아이가 할 수 있는 능력이라면 후천적인 학습에 의한 것이라고 말할 수 없기 때문이다. 이리하여 1970년대에 들어와 신생아들을 대상으로 한 연구가 시작된 것이다.

신생아란 생후 1개월까지의 아기를 가리킨다. 갓 태어난 신생아, 오로지 계속 잠만 자는 아기들, 그들의 능력을 과연 어떻게 확인할 수 있을까. 아기들은 무엇을 보고 무엇을 들을까. 다른 사람이나 사물, 생물 등 주변에 있는 것들을 과연 인지하고 있을까. 만약 인지하고 있다면 어떻게 인지할까? 이런 것들을 말 못하는 아기들에게 어떻게 확인하면 좋을까. 인간들이 애당초 가지고 태어난 능력이 무엇인지, 어떻게 해서든 밝혀내고 싶다는 의욕에 불탄 연구자들은 이런 난제들을 하나씩 해결해갔다. 예를 들어 '언어' 대신 '호흡 반사'를 이용하는 방법을 생각해냈다. 신생아들은 젖을 빨 때 각성 상태에 있다고 할 수 있기 때문에, 젖을 빠는 횟수가 많을수록 주변에 주의를 기울인다고 한다. 이 점을 확인한 후, 얼마나 깊이 빠는지, 얼마나 자주 빠는지 측정하는 '압력 센서 부착 공갈젖꼭지'를 입에 물린 후 측정하는 방법을 택했다.

'순화'라는 현상을 이용하는 방법도 있다. 신생아들 역시 동일한 자극에는 금방 싫증을 내고 새로운 자극을 기다리는 것으로 추정된다. 신생아의 반응에 주목하면 아기들이 무엇과 무엇을 변별할 수 있는지 확인할 수 있다는 말이 된다. 판츠Fantz에 의해 개발된, 신생아의 시선 응시를 활용한 '지각선호법(응시선호법, 주시선호법)'도 유력한 방법이었다. 이를 위한 장치를 준비하고, 아기에게 제시된 두 가지 자극물 중 어느 쪽을 보다 오랫동안 주시하는지 측정함으로써 아기의 선호도를 알아내는 방법이다. 이런 새로운 몇 가지 측정 방법들에 의해 신생아 연구는 눈부신 진보를 보였다. 그리고 아이들이 선천적으로 가지고 태어난 고도의 능력을 차츰 밝혀나갔다.

'어린이 무능설' 돌아보기

영국 경험주의 철학의 대표적 존재인 존 로크John Locke는 자신의 저서 『교육론』에서 아이들은 완전한 백지 상태로 태어나기 때문에 그 아이가 어떤 인간이 되는지는 오로지 후천적인 교육에 달려 있다고 지적했다. 로크의 이런 주장은 교육이 그만큼 중요하다는 메시지로 이해되며 계승되어왔다. 하지만 이는 아이들이 아무런 능력도 없는, 스스로는 뭐 하나 할 수 없는 생명체라는 '어린이 무능설'이기도 했다. 분명 갓 태어난 젖먹이를 보면, 눈조차 뜨지

못하고 목도 가누지 못한 채 계속 울어대기만 한다. 너무나도 무능하게 보이는 것이다. 그런 우리들의 아기 체험이 어린이 무능설을 믿어 의심치 않게 하며 결국 오늘날까지 받아들이게 했을 것이다. 하지만 언뜻 보기에 나약하고 무력한 상징 그 자체로 보이는 아기들이 눈이 휘둥그레질 정도로 고도의 능력을 몇 가지나 가지고 있으며, 태어난 직후부터 그런 능력들을 구사하여 주변 환경에 자신이 먼저 반응을 보이고 있다는 사실이 밝혀졌다. 세계적으로 저명한 인지과학자 자크 멜러Jacques Mehler, 임마누엘 듀프Emmanuel Dupoux의 공저『인간으로 태어나다』(가토 하루히사加藤晴久·마스모 가즈오增茂和男 역,『아기는 알고 있다赤ちゃんは知っている』)에는 인간들에게 선천적으로 갖춰져 있다고 밝혀진 다수의 능력들이 소개되고 있다. 또한 일본에서 최근 출판된 발달심리학 관련 저서들에서도 그런 사례들이 다수 소개되고 있다. 그 가운데 전문가들에게는 이미 공유되고 있는 사실이지만, 우리들을 사뭇 놀라게 하는 몇 가지 능력에 대해 소개해보고자 한다.

우선 첫 번째는 깁슨Gibson과 워크Walk에 의한 시각 절벽visual cliff 실험이다. 이 실험은 아이들이 가지고 있는

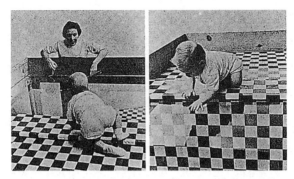

그림 6 시각 절벽 (Gibson&Walk, 1960. A comparative and analytical study of visual depth perception. *Psychological Monographs*, 75)

선천적 능력이 지극히 고도의 것이라는 사실을 인식시키는 계기가 되었다. 신생아 연구를 촉진시킨 계기를 만든 이 두 사람은 그림 6의 사진으로 알 수 있듯이 평탄한 면을 격자 모양으로 가득 채우고 그 위에 안전유리를 깐 후 1미터 앞에 절벽을 만들었다. 절벽 위를 동일한 높이의 안전유리로 커버하는 장치를 만든 후 그 위에 아기를 놓고 반대 쪽에 있는 어머니에게 "이리 오렴, 이리 오렴" 하고 말하게 했다. 처음에는 어머니를 향해 이동하던 아기가 절벽에 다다르자마자 이동을 멈췄다. 우리는 아기의 이런 행동을 통해, 그보다 더 앞으로 나아가면 절벽에서 굴러 떨어질 위험이 있다고 아기 스스로 판단했다고 생각하지 않을 수 없었다. 이런 판단은 생후 20주경부터 보였다고 하니, 분명 타고난 능력이라고 인정할 수밖에 없다.

시크랜드Siqueland와 립시트Lipsitt는 실험을 통해 더더욱 놀랄 만한 능력을 발견해냈다. 그들은 생후 4일 이내의 신생아들을 대상으로, 버저buzzer 음을 들었을 때 머리를 회전시키면 포도당의 달콤한 액체를 주고, 다른 음일 경우에는 머리를 회전시켜도 포도 액을 주지 않는 훈련을 실시한 후, 아기가 버저 음일 경우에만 머리를 회전시키는지를 확인했다. 결과는 그림 7과 같다. 몇 번의 시행을 거쳐 아기가 버저 음에 확실히 반응하게 되었던 것이다. 놀랄 만한 일은 그 후의 실험이었다. 시크랜드 연구팀은 바야흐로 버저 음에 확실히 반응하게 된 아기에게 이번에는 매정하게도 반대 실험을 했다. 즉 버저 음이 아닌 음을 듣고 고개를 회전시켰을 때만 포도 액을 주기로 했던 것이다. 하지만 놀랍게도 그림 7에서 드러난 것처럼, 아기는 몇 번의 시행착오를 거쳐 아주 훌륭하게 스스로 반응을 바꿀 수 있음을 보여주었다. 그 후 머리를 회전시켰을 때 전구가 점화되는 식으로, 생리적인 만족을 동반하지 않는 장치를 고

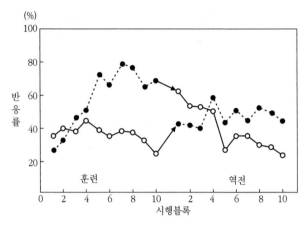

그림 7 신생아의 변별 학습 훈련과 그 역전. ●은 반응을 나타냈을 때, ○는 나타내지 않았을 때. 버저 음으로 하는 훈련 단계까지는 두 가지의 차이가 적었지만 훈련 후에는 분명한 차이가 나타나며, 자극을 바꾼 후에도 여러 번 혼란해한 후 반응이 분명해진다 (Siqueland & Lipsitt, 1966. Conditioned head-turning in human newborns. *Journal of Experimental Child Psychology. 3*)

안하는 등, 유사한 실험들이 다양하게 시도되었다. 그러나 결과는 역시 마찬가지였다(다지마 노부모토田島信元 편『아동발달심리학子どもの発達心理学』등).

　이런 실험들을 통해 아이들이 가진 가장 기본적이고 선천적 능력으로 '수반성 탐지'라 칭할 만한 능력이 확인되었다. 아이들은 외부로부터의 자극을 일방적으로 받아들이기만 하는 수동적 생명체가 아니라, 자기 쪽에서 먼저 적극적으로 환경에 상호작용을 시도하려고 했으며, 심지어 자신의 시도와 그에 동반되어 초래된 반응을 연결시켜 어떤 종류의 가설을 세우고 다음 시도에서 그것을 검증하려 했다는 사실도 알게 되었다. 신생아들이 '수반성 탐지' 능력을 가지고 있다고 주장했던 심리학자 파포잭은 가설이 검증되었을 때 아기들이 하나같이 방긋 웃었다는 사실도 확인하고 있다. 이 얼마나 고도의 능력이란 말인가!

끊임없이 이런 사실들이 확인되고 있는 지금, 우리들은 아이들이 무능하고 무력한 생명체라고는 도저히 말할 수 없게 되었다. 어린이 무능설은 논리적으로 완전히 무너졌다고 해도 좋을 지경이다. 무능하기는커녕 아이들은 태어난 직후부터 환경과 상호작용할 수 있는 고도의 능력을 몇 가지나 가지고 태어났다. 그런 의미에서 마땅히 매우 유능한competent 생명체라고 말해야 한다.

2 아이들이 갖추고 있는 상호작용 능력

신생아 연구에 의해 아이들이 놀랄 만큼 고도의 능력을 선천적으로 갖추고 있다는 사실이 명확해지고 있다. 앞서 영유아가 절벽이 위험하다는 것을 간파하고 적절한 대응을 할 수 있는 능력과 태어난 직후의 아기가 외부로부터의 자극에 대해 그 특징을 파악하고 그에 대응하는 적절한 행동을 선택할 수 있는 능력을 갖추었다는 사실을 소개했다.

이외에도 아이들이 선천적으로 가지고 태어난 능력들이 다수 발견되고 있으며 이에 대한 보고도 잇따르고 있다. 예를 들어 먼 곳에 있는 것이라도 그 크기나 도달 거리, 이동 속도를 정확하게 가늠할 수 있다. 또한 모든 것들이 시간적·공간적으로 연속적으로 존재하며, 설령 현재 눈앞에 보이지 않을 때라도 어딘가에 분명 존재하고 있다는 사실, 각각의 사물에는 견고함이 있으며 동일한 장소를 동시에 차지할 수 없다는 것들도 별도의 학습 없이 미리 알고 있다.

신생아가 갖추고 있는 그런 수많은 선천적 능력들을 모조리 소개하는 것이 여기에서의 목적은 아니다. 이 책의 주제에 따라 우선 아이의 사회력 형성과 그것을 촉진하는 능력에 한정시켜 살펴보기로 하겠다. 사회력 형성과 그것을 촉진하는 능력이란 당연히 타자와 상호작용을 시작하고 그것을 반복적으로 행하는 능력을 말한다.

사람의 목소리를 듣고 구분하는 능력

인간이 타자와 상호작용할 때 언어가 지극히 중요한 역할을 하고 있음은 물론이다. 그 언어를 마스터하기 위해서는 귀를 통해 들어오는 음을 정확하게 듣고 분간할 줄 알아야 한다. 언어는 원래 음소들의 조합이기 때문이다. 그렇다면 아이들은 이런 음의 구별을, 태어난 후 다양한 음들을 들으면서 그 차이를 통해 학습해갈까. 아무래도 그렇지 않은 듯하다. 신생아를 대상으로 이루어진 다양한 실험들은 아이들이 사람의 입을 통해 발해진 음(목소리)에 매우 민감하고, 모국어를 식별해낼 수 있으며, 음을 듣고 그 차이를 명확히 할 수 있는 능력을 선천적으로 가지고 있음을 증명하고 있다. 자크 멜러는 자신의 저서에서 자신이 행한 실험을 포함하여 세계 각지에서 행해진 수많은 실험들의 예를 소개하고 있다. 그리고 아이는 태어났을 때부터, 경우에 따라서는 임신 마지막 몇 주부터, 청각기관을 완전히 작동시키고 있다고 결론을 내렸다(전게『아기는 알고 있다』).

그렇다면 해당 연구는 어떤 내용을 포함할까. 예를 들어 선구적인 일련의 실증 연구를 행한 토마 등 연구자 그룹은, 신생아가 어머니의 목소리에 민감하다는 사실이나 음원에 얼굴을 향하는 것이나 복잡한 음들을 듣고 그 차이를 구별하며 그것을 인지하고 있다는 사실을 밝혀냈다. 또한 콘든Condon과 샌더Sander는 신생아에게 언어음과 다른 리드미컬한 음을 들려주고, 일반적인 리듬 음에는 그다지 반응하지 않지만, 언어음에는 그 리듬에 동조하여 몸을 흔드는 반응을 보인다는 사실을 확인했다. 나아가 에이미스는 생후 4개월 된 아기가 'p(프)'와 'b(브)', 't(토)'와 'd(도)'의 음을 구별하고 있음을 확인했다. 자크 멜러 팀은 프랑스에서 생후 4일째의 신생아가 모국어(프랑스어)와 외국어(러시아어)를 변별하고 있다는 사실을 확인했다. 물론 아기들에게 어떤 음이라도 정확하게 발음할 수 있는 발성 기능이 선천적으로 갖추어져 있음은 물론이다.

또한 아기들은 인간의 언어라면 말하는 사람이 누구든, 말에 사투리가 섞여 있든 없든, 발생에 결함이 있든 없든, 음의 연속을 기본적인 음절로 구분하고 말로 인지하는 고도의 작업을 너무나 수월하게 해낼 수 있는 능력을 가지고 있다는 사실이 확인되었다. 결코 쉽지 않을 일들을 갓 태어난 아기들이 척척 해낼 수 있다는 말은 태어난 후의 학습에 의존하지 않는 선천적인 능력이 아이들에게 분명 갖추어져 있기 때문일 것이다. 심지어 노암 촘스키는 단어를 마스터한 아이가 그것들을 조립해서 문장으로 만들고 자유자재로 구사할 수 있는 것은 '보편문법'이란 것을 선천적으로 가지고 있기 때문이라고 주장한다. 이런 능력이 태어날 때부터 아이들에게 갖춰져 있다는 사실은 사회적 동물인 인간 입장에서 언어를 매개로 한 타자와의 상호작용이 지극히 중요한 일이라는 점을 시사하고 있다.

어른의 얼굴을 구분할 수 있는 능력

사람의 목소리를 구분해서 들을 수 있는 능력과 마찬가지로, 아이들이 인간의 얼굴, 특히 성인의 얼굴을 식별

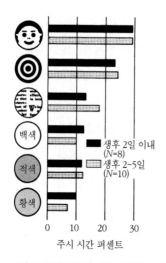

하고 응시할 수 있는 것 역시 주목할 만한 능력이다. 육아 경험을 통해 갓 태어난 아기가 엄마인 자기 쪽을 보고 있는 것 같다는 느낌을 가졌던 사람들이 많다. 이런 연유에서인지 신생아가 사람의 얼굴을 인지할 수 있는지 확인하고자 한 실험은 상당

생후 2일 이내
(N=8)
생후 2~5일
(N=10)

0　10　20　30
주시 시간 퍼센트

그림 8　여섯 종류의 자극에 대한 신생아의 주시 (Fantz, 1963. Pattern vision in newborn in fants. *Science.140*)

히 일찍부터 다양한 방법들을 통해 시도되어왔다.

그중에서도 특히 유명한 것이 판츠의 실험이다. 판츠는 그림 8에 보이는 여섯 종류의 패턴을 준비한 후 제각각의 패턴을 생후 2일에서 5일 사이의 신생아들에게 번갈아 반복적으로 보여주고, 어느 것을 보여주었을 때 주시 시간이 가장 길어지는지, '지각선호법(응시선호법, 주시선호법)'을 통해 조사해보았다. 결과는 그림 8과 같다. 아기는 단순한

패턴보다 복잡한 것을, 비사교적인 패턴보다 사람의 얼굴에 가까운 사회적 패턴을 보다 오랫동안 주시했다.

고렌Goren 연구팀은 또 다른 패턴을 준비해서 출생 후 몇 분밖에 되지 않은 신생아에게 비슷한 실험을 해보았다. 역시 사람의 얼굴을 식별하고 주시한다는 사실이 확인되었다. 이런 결과는 아이의 뇌 안에 자신과 똑같은 인간 얼굴의 프로토타입prototype(원형)이 선천적으로 준비되어 있고, 그것에 견주어 주변에 있는 여러 대상들 중 사람의 얼굴을 구별해낼 수 있는 것이라는 추측에 확신을 더해준다. 아이들은 선천적으로 사람의 얼굴을 탐지할 수 있는 능력을 갖추고 있다는 말이다.

하지만 아기는 살아 있는 진짜 인간이 아니면 흥미가 없는 듯했다. 생후 4개월 무렵이 되면 사람의 얼굴 패턴에는 더 이상 반응하지 않게 된다. 30년 이상 신생아 관찰과 연구를 계속하고 있는 일본의 발달심리학자 다카하시 미치코高橋道子 씨가 아기의 미소 반응을 활용한 흥미로운 실험을 하였다. 그림 9가 그 결과다.

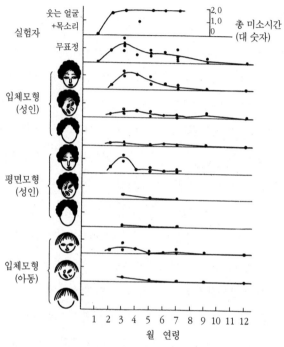

그림 9 얼굴 자극에 대한 미소 반응 (다카하시 미치코 외 『아동 발달심리학』)

다카하시 씨가 행한 실험이란 생후 1개월부터 12개월 사이의 아기에게 진짜 인간(실험자)만이 아니라 그림 9에 있는 성인 인형 얼굴과 아동 인형 얼굴, 성인 얼굴의 가면과 만화처럼 비현실적인 얼굴이나 무표정한 얼굴 등을 뒤섞어서 보여준다. 이후 어느 것을 보았을 때 아기가 미소를 짓는지 관찰하고, 미소를 머금은 시간이 얼마나 되는지도 측정한다. 수많은 포유류 중에서 미소 표정이 가능한 것은 인간만이라는 사실도 타자와의 상호작용의 계기로 극히 중요한 사항이다. 아기들이 인간을 향해 미소를 보내려고 시도하는 것은 생후 2개월 무렵부터라고 한다.

그림 9를 살펴보자. 아기가 사람의 얼굴을 의식해서 미소 지을 수 있는 단계가 되면, 실물 인간이나 성인 인형 얼굴이나 가면을 보고 상당히 오랫동안 미소를 건넨다는 사실을 알 수 있다. 하지만 그것도 고작해야 5개월 무렵까지다. 그 후에는 오로지 진짜 인간(실험자)에게만 반응하기 때문이다. 아기가 기쁘게 미소를 건네는 대상은 오로지 살아 있는 인간뿐이며, 심지어 실험자가 웃으며 말을 걸었을 때뿐이었다. 아기가 상호작용을 하고 싶어 하는 것은 자신에게 반응해주는 살아 있는 인간뿐이라는 사실을 알

수 있다.

하지만 이 실험에서 특히 주목해야 할 점은 똑같이 살아 있는 인간이라도 아기가 원하는 것은 아이가 아니라 어른 이었다는 사실이다. 아동의 얼굴일 경우, 인형 형태의 입체형일지라도 아기의 미소 반응은 3개월 무렵 이미 매우 미미해졌으며, 5개월 이후에는 아예 확인할 수 없었다. 아기가 원하고 있는 것은 다른 그 무엇도 아닌, '어른의 얼굴'인 것이다. 이 말은 아기가 상호작용의 상대로 희망하는 사람은 성인이라는 말이 된다. 아이의 사회력 형성에 어른과의 상호작용이 얼마나 중요한지 명확히 드러냈다고 할 수 있다.

어른을 흉내 내는 능력

아이들이 타인의 동작이나 행동을 보고 많은 것들을 배워간다는 것은 누구나 알고 있는 사실이다. 세상의 온갖 학습이론의 대부분이 이 점을 전제로 이론을 전개시켜가고 있다 해도 과언이 아니다. "배움은 흉내에서 시작된다"는 말이 있듯이 철이 든 인간이 타인이 하는 행동을 의도적으로 흉내 내면서 사회생활에 필요한 많은 것들을 배워 가고 있음은 분명하다. 그런 까닭에 모방은 인간의 사회력을 배양하고, 그 사회 구성원으로서 합당한 사회적 요소를 공유하는 데 매우 중요한 역할을 하고 있다.

그렇다면 아이들은 어떻게 이런 모방 방식을 익혔을까. 생각해보면 타인의 행동을 흉내 내는 행위는 간단히 할 수 있는 일이 아니다. 우선 흉내 내는 상대방과 흉내 내는 동작이 발생하고 있는 상대방의 신체 부위(장소)을 확인해야 한다. 그 다음 해당 동작의 이미지를 자신의 머릿속에 옮겨놓고 이번에는 상대방의 동작이 일어나고 있는 곳과 동일한 부위가 자신의 신체 중 어디에 해당하는지를 확인한 뒤 머릿속에 있던 동작의 이미지를 자신의 몸을 이용하여 표현한다. 지극히 복잡한 과정을 요하는 행위인 것이다. 이런 것들을 아이는 어떻게 학습하는 것일까. 아니면 모방하는 능력도 선천적인 능력일까.

생후 얼마 되지 않은 신생아가 어른들의 얼굴 동작이나 표정을 모방하는 것은 몇 가지 실험을 통해 확인되고 있다. '원초 모방' 혹은 '공명 동작'이라 불리는 행위다. 앤드류 N. 멜초프Andrew N. Meltzoff 등의 연구자들은 어른이

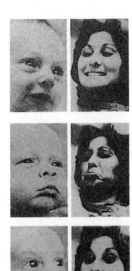

혀를 내밀거나 입을 열거나 하면 그것을 보고 있던 신생아가 같은 동작을 하는 것을 확인했다. 필드Filde 등의 연구자들은 그림 10에 보이는 것처럼 어른이 하는 기쁨이나 슬픔이나 놀란 표정을 모방한다고 보고하고 있다. 아이들은 성인의 얼굴을 구별해낼 수 있을 뿐만 아니라 표정을 읽고 그것을 자신의 얼굴로 표현하는 능력도 선천적으로 가지고 있다는 말이다.

그림 10 신생아는 성인이 나타내는 '기쁨', '슬픔', '놀람'의 표정을 모방한다 (Field, Cohen, Garcia & Greenberg, 1984. Mother-stranger face discrimination by the newborn. *Infant Behavior and Development*, 7)

그렇다면 얼굴 이외의 동작 모방은 어떨까. 그것을 알아본 실험은 극소수에 지나지 않는다. 그중 하나에 바텐탈 그룹이 행한 영화를 이용한 실험이 있다. 사람의 몸 중 특징적인 11개의 관절에

꼬마전구를 달고 주위를 완전히 암흑으로 한 후 촬영한 영화를 만들어 생후 3개월 된 유아에게 보여주었다. 그러자 유아는 꼬마전구의 움직임만으로 인간의 동작이라는 것을 식별해냈고, 심지어 '걷기'와 '달리기' 동작의 차이를 변별해낼 수 있었다고 한다(전게『아기는 알고 있다』).

물론 그 아이가 해당 동작을 모방하여 보는 즉시 걷거나 달릴 수 있었다는 말은 아니다. 하지만 이런 실험을 통해 생후 3개월짜리 아기의 경우, 얼굴 이외의 부분에서도 신체 동작의 특징을 스스로의 머릿속에 이미지로 떠올릴 수 있었다는 사실을 알 수 있었다. 모방의 기초가 되는 높은 표상 능력 역시 선천적으로 가지고 태어났다고 생각할 수밖에 없다.

마음 이론

인간은 사회생활 속에서 타자와 상호작용할 때, 제각각의 상황에 따라, 혹은 상대가 되어주는 사람에 따라, 그 상대가 지금 어떤 감정 상태에 있으며, 어떤 것을 의도하고 자신에게 어떤 행동을 기대하고 있는지, 하나하나 읽어나

가야만 한다. 하지만 그토록 귀찮고 어려운 일이 가능할
리 없다. 그렇게 생각하는 사람들이 적지 않을 것이다.

하지만 성인들은 보통 자연스럽게 이미 그렇게 하고 있
다. 우리들이 그렇게 할 수 있는 것은 상황이나 입장이 같
다면 자신이 생각하는 것과 마찬가지로 상대방도 그렇게
생각할 거라는 확신이 있기 때문이다. 인지과학에서는 사
람들이 타인도 자신과 마찬가지로 생각하고 느끼고 의도
하고 바라고 믿고 예상하리라고 믿는 것을, '마음 이론'을
가지고 있다고 표현한다. 이 용어로 표현하자면 우리들이
명확한 '마음 이론'을 자기 것으로 하고 있다는 사실은, 우
리들이 사회력을 가지고 있다는 사실에 대한 중요한 증거
가 되기도 한다. '마음 이론'에 바탕을 두고, 상대에 따라
적절하게 마음속을 추측할 수 있게 되는 것이 제2장 4절에
설명했듯이 사회력의 직접적 계기가 되고 있다는 말이다.

이런 능력이 아이에게 있다고 치자. 그렇다면 그것은
타자와의 상호작용을 통해 후천적으로 만들어져 가는 것
일까. 아니면 그 바탕이 되는 것이 선천적으로 갖추어져
있는 것일까. 이 물음에 대해서도 신생아들이 답변해주리
라 기대되었다. 신생아는 '마음 이론'을 가지고 있는 것일

까. 유감스럽게도 신생아를 직접 대상으로 해서 '마음 이론'의 유무를 조사한 실험은 아직까지 존재하지 않는다. 하지만 유아를 대상으로 한 실험은 제법 행해지고 있다.

위대한 심리학자 피아제Piaget의 이론에 따르면, 아이들은 4세까지는 자기중심적인 시각밖에는 가질 수 없어서 타인의 입장에서 뭔가를 생각하는 것이 불가능하다고 한다. 자기 이외의 인간의 마음속을 떠올려 표현해보는 것 따위는 애당초 불가능하다는 이야기다. 그런데 유아에 대해 언어로 반응시키는 것이 아니라 행동으로 반응시키는 실험 방법을 고안한 최근 연구는 피아제의 이론을 뒤집는 결과를 몇 가지나 발견해내고 있다. 예를 들어 윌먼 등은 3세 유아에게 이야기를 들려주고 이야기 주인공의 마음속을 이해하고 있는지, '놀람', '고통', '기쁨' 등의 표정 마스크를 선택하게 하는 방식으로 반응을 살펴보았다. 그 결과 3세 유아가 이미 주인공의 마음을 이해하고 있음을 확인할 수 있었다는 것이다. 이런 실험 결과를 검토한 자크 멜러 등은 "2세 반부터 3세까지의 유아가 이미 타인의 다양한 정신 상태의 존재를 파악하고 있음을 알 수 있다. 자신의 행동이나 반응 방식을 결정하기 위해 아이는 타인의 정신

상태에 대한 추측을 기반으로 하고 있다"고 단정했다(전게
『아기는 알고 있다』).

또한 가족들이 아기에게 욕구나 의도가 어떤 것인지 가
르친다기보다는, 인간들은 선천적으로 정신 상태가 어떤
것인지 알고 있으며, 그것을 가지고 다른 사람이나 스스로
의 특징을 찾아내는 데 이용하고 있다고 생각하는 편이 논
리적으로 타당하다고도 말한다. 요컨대 아이는 타자와의
상호작용에 반드시 필요한 바로 그것, 타인의 마음속을 추
측할 수 있는 능력의 씨앗 같은 것을 선천적으로 가지고
있다는 말이다.

3 사회력의 본바탕이 형성되는 구조

아이들의 고도의 능력은 무엇을 위한 것일까

아이들은 고도의 능력을 가지고 세상에 태어난다. 앞에
서는 그중에서 타자와의 상호작용과 밀접한 관련성을 가
진 능력으로 한정해 보았다. 그중 몇 가지는 아이들에 대
한 우리들의 고정관념을 크게 뒤집는 것이었다. 하지만

우리들은 여기서 그 점에 그저 놀라고 있을 수만은 없다. 아이가 가진 고도의 능력에 눈이 휘둥그레진 우리들이 그 다음으로 고민해야 할 것은, 아이들은 무엇 때문에 이런 고도의 능력을 갖춘 상태로 이 세상에 태어나게 되었는가에 대해서일 것이다. 이 질문에 답하기 전에 여태까지 언급해왔던 것을 간단히 요약해보자. 포인트는 다음과 같은 것이었다.

(1)인간은 다른 사람들과 함께 사회를 만들고 사회생활을 영위하는 것에 의해서만 살아갈 수 있는 사회적 동물이다.

(2)사회생활을 영위한다는 것은 구체적으로는 항상 타자와 상호작용을 하는 것이다.

(3)타자와의 원활한 상호작용을 위해 언어나 가치관, 역할이나 현실에 대한 의미부여 등, 사회적 요소라고 할 수 있는 다양한 것들을 타자와 공유해야만 한다.

(4)사회적 요소를 익히기 위해서는 타자와 상호작용을 거듭해야만 한다.

(5)사회적 요소의 습득이 사회력의 바탕이 된다.

이렇게 정리해보면, 여태까지 몇 번이나 반복해온 사항이지만, 인간의 사회력은 타자와의 상호작용에 의해 배양되는 것이며 반대로 사회력 형성이 타자와의 상호작용을 원활하게 만들고 사회를 더욱 안정시키며 나아가 더더욱 바람직한 방향으로 혁신시킨다는 사실을 새삼 깨닫는다. 요컨대 인간은 생존하기 위해 반드시 사회적 동물이어야 하고, 사회적 동물이 되기 위해서 사회력을 익혀야 하며 사회력을 익히기 위해 타자와 반드시 상호작용을 해야 하는 것이다.

이런 과정을 이해할 수 있다면 앞에 나왔던 물음에 대한 답이 저절로 나올 것이다. 이 세상을 창조한 신이 있다 치고, 그 신이 아이들에게 고도의 능력을 부여했던 것은 오로지 그런 능력들이 타자와의 상호작용을 시작하고 지속하기 위해 필요하다고 생각했기 때문일 것이다. 왜냐하면 그런 능력이 없으면 인간은 살아가기 위해 반드시 필요한 사회력을 형성해갈 수 없었을 것이기 때문이다.

사회력이 그토록 인간에게 소중하다면 무엇 때문에 신은 다른 동물들에게 본능을 부여한 것처럼 사람에게도 사회력이라는 본능을 선천적으로 부여하지 않았는지, 분명

반문이 나올 것이다.

조심스럽게 신의 뜻을 헤아려 보건데, 아마도 답은 이럴 것이다. "신은 인간들이 그 능력을 적극적으로 살려 사회력을 배양하여 인간의 자손들을 늘려가거나, 아니면 그것을 사용하지 않아 사회력을 형성하지 못한 채 결국 멸망의 길을 걷게 되거나, 둘 중 어느 쪽인지 시험해보고 싶었던 게 아닐까?" 실없는 농담처럼 받아들여질지도 모르겠지만, 결코 그릇된 설명은 아닐 것이다.

사회력의 원동력이 만들어지는 첫 번째 스텝

아이의 고도의 능력은 그것을 온전히 발휘함으로써 타자와의 상호작용을 활발히 하고 그 결과 양질의 사회력을 배양하기 위해서라고 파악했다. 그렇다면 사회력은 어떻게 형성될까. 이 과정은 세 가지 스텝(단계)으로 나뉜다고 생각된다. 그리고 그 첫 단계를 '사회적 본바탕 형성', 제2단계를 '사회적 요소들의 공유', 제3단계를 '사회적 행위의 일상화'라고 명명하고 싶다. 물론 가장 중요한 단계는 맨 처음 스텝일 것이다. 따라서 먼저 사회력의 가장 중요한 밑바탕이라고 할 수 있는 '사회적 본바탕' 형성의 중요성과 그 원리에 대해 설명해보겠다.

최초의 단계, 즉 사회적 본바탕이 형성되는 단계는 연령적으로 0세에서 3세 정도까지라고 생각된다. 사회적 본바탕이란 명칭은 필자가 시도해본 것인데, 다소 딱딱한 표현이기 때문에 '사회적 풀social paste', '사회적 자력social magnet'이라고도 보충설명하고 있다. 이쪽이 사회력의 가장 중요한 밑바탕인 '사회적 본바탕'의 이미지를 좀 더 쉽게 떠올리게 해주기 때문이다. 즉 우리들이 평소 사용하고 있는 풀이 종이와 종이를 찰싹 달라붙게 하는 기능을 가지고 있는 것처럼, 혹은 자석이 바늘이나 못 등을 잡아당겨 달라붙게 하는 것처럼, 여기서 말하는 '사회적 본바탕'은 사람과 사람이 서로 달라붙을 수 있도록 해주고 있기 때문이다.

그렇다면 사람과 사람이 서로 달라붙게 한다는 것은 어떤 의미일까. 단적으로는 어린이가 자기 이외의 인간(타자)에 대해 관심과 애착과 신뢰를 가지는 것이다. 또한 사회적 본바탕이 사회력 형성의 가장 중요한 밑바탕이 된다는 말은 그것이 바탕이 되어 그 이후, 특히 제2단계에서의 타

140

자와의 상호작용을 자신의 의사로 적극적으로 지속해갈 동력이 된다는 의미다.

아이의 내면에 타인에 대한 관심이나 애착, 신뢰감이 없다면 자기가 먼저 타인에게 다가가서 그 사람과 교류하고 함께 체험한다는 것은 있을 수 없는 일일 것이다. 다른 표현으로 말하자면, 다른 사람에 대해 알고 싶거나 어떤 사람을 좋아하거나 누군가를 신뢰할 수 있다는 마음의 움직임, 이른바 '사회적 풀' 같은 기질이 없다면, 기꺼이 타자와의 상호작용을 시작하고 계속 유지한다는 것 자체가 일단 불가능해질 거라는 말이다.

사회적 본바탕이 이런 의미라면 인생의 가장 이른 단계에 그것이 제대로 배양되어야 하는 것이 매우 중요하다는 사실을 이해할 수 있을 것이다. 아이가 사회생활을 영위하고 사회 운영에 관여하고, 동시에 사회의 개선이나 개혁을 이루어내기 위해 필요한 사회력을 자신의 힘으로 제대로 길러가는 과정은 평생에 걸친 기나긴 과정이다. 그런 길고 험난한 과정을 잘 극복해갈 수 있을지는 그것을 극복해갈 원동력이 자신 안에 제대로 형성되어 있는가에 달려 있다. 그렇다면 사회력 형성의 원동력이 될 사회적 풀, 즉 그 후 오랜 세월 타자와의 상호작용을 지속시킬 원천이 될 사회적 본바탕만은 무슨 일이 있어도 아주 이른 단계에 반드시 배양해두어야 한다.

그렇다면 사회적 풀(사회적 본바탕)은 어떻게 배양될까. 원리는 지극히 명확하다. 아이가 선천적으로 가지고 태어난 고도의 능력을 온전히 발휘시키기만 하면 된다. 특히 앞서 소개한 '타자와의 상호작용에 관련된 능력'을 전면적으로 발휘시켜야 한다. 아이의 상호작용 능력을 발휘시킨다는 것은 그 아이 주변에 있는 어른들이 아이가 보내는 메시지 하나하나에 제대로 응답해주는 것이다. 응답한다는 것은, 예를 들어 아기가 자신 쪽을 향해 웃음을 건네면 자기도 웃음으로 답해주며 아기를 안아주거나 말을 걸어주는 것이다. 아기가 손이나 손가락으로 뭔가를 가리키며, "이건 뭐야?"라고 물어온다면, 확실하고 약간 높은 목소리로(모성어로) 그 이름을 말해주며 구체적으로 설명해주어야 한다. 당연하다면 너무나 당연한 일이지만 그런 당연한 일에 소홀하지 않는 것, 그렇게 하는 것이 사회적 풀을 배양시키는 데 가장 소중한 일이라는 점을 진심으로 헤아릴 수 있어야 한다.

사회력이 강화되는 제2스텝

사회력 형성 과정의 제2스텝은 사회적 요소를 공유해가는 단계로, 연령적으로는 4세 정도부터 청년기가 끝나가는 25세 무렵까지라고 생각된다. 아이가 이 사이에 습득하여 공유해가는 사항은 제2장 2절에서 열거한 내용과 거의 동일하다. 즉 언어와 그 의미, 다른 사람들이나 자신이 사회에서 점하는 사회적 위치와 그에 동반되는 역할 행동, 생활 세계에 대한 의미부여, 가치나 사회규범이나 미의식 등이다. 익혀야 할 것들은 많고 실로 다양하다.

이렇게 열거해보면 대부분이 부모가 가정에서 아이를 훈육하거나 학교에서 교사들이 학생들에게 가르쳐 익힐 수 있도록 해야 할 일이라고 생각하는 사람들이 많지 않을까. 하지만 실은 그렇게 간단치 않다. 예를 들어 단어 하나만 해도, 어머니가 입으로 설명하는 것만으로 아이에게 '개'라는 생명체의 '의미'를 이해시키기는 어렵다. 국어사전에 적혀 있는 것을 차근차근 설명하면 된다는 어머니가 있다 치고, 국어사전을 찾아봤다고 하자. 그러면 사전에 설명되어 있는 것은 "가축의 하나. 개과의 육식동물. 스파이, 밀정……" 정도일 것이다. 이런 설명만 읽고 아이가 '개'에 대해 이해하고 어머니가 이미지로 떠올리고 있는 것과 동일한 의미를 공유할 수 있을 리 만무하다. 어머니와 아이가 개의 의미를 공유하기 위해서는 개라는 동물을 키운다는 체험을 함께 하는 것, 즉 개를 매개로 상호작용을 반복할 때만이 비로소 어머니와 아이가 동일한 의미를 공유할 수 있게 되는 것이다.

또 한 가지 예를 들어보자. 우리들이 평소 대화에서 사용하고 있는 말은 모두 음들의 연속이다. 일요일 목공 일을 시작하려는 아버지가 유치원에 다니는 아들에게 "아들아, 거기에 있는 망치를 가져 오렴"이라는 말을 했다고 치자. 이 경우 "망·치·를·가·져·오·렴"이라는 연속음이 아들로 하여금 망치를 아버지에게 가지고 가도록 함으로써, 이런 일련의 음들의 연속이 의미하고 있었던 내용을 아버지와 아들이 공유하고 있음을, 행위가 행해진 후에야 비로소 이해할 수 있는 것이다. 이처럼 언어도, 그리고 언어의 의미도, 일상생활 안에서 언어라고 불리는 기호(심벌)를 사용하면서 사람과 사람이 상호작용을 계속함으로써 습득되고 공유되기 마련이다.

위치나 역할, 현실에 대한 인식을 공유하는 것도 그 이

치는 마찬가지다. 하지만 이런 것들이 공유되어가는 과정
은 좀 더 복잡하다. 예를 들어 다니가와 슌타로谷川俊太郞
씨의 유명한 그림책에『나わたし』가 있다. 그 내용은 다음
과 같은 것이다.

나

남자아이가 보면 여자아이

아기가 보면 누나

오빠가 보면 여동생

엄마가 보면 딸 미치코

아빠가 보아도 딸 미치코

할머니가 보면 손녀 미치코

겐이치 삼촌이 보면 조카딸 밋짱

나

삿짱이 보면 친구

선생님이 보면 학생

옆집 아줌마가 보면 야마구치 댁의 작은 따님

(다니가와 슌타로『나』후쿠인칸쇼텐福音館書店)

앞의 문장에서 선을 그은 부분을 사회학에서는 사회적 위치 혹은 사회적 카테고리라고 설명한다. '미치코'라는 이름을 가진 한 여자 아이는 상대가 누구인지에 따라 자신이 점하는 위치가 변화한다는 사실을 알 수 있다.

하지만 이런 것들을 어린아이가 쉽사리 이해할 수 있을 리 없다. 자신의 위치를 정확하게 이해할 수 있으려면 상대방의 위치에 대해서도 인식해야 한다. 그런데 골치 아프게도 그 상대란 자신이 그런 것처럼 상황에 따라 변하는 존재다. 예를 들어 밋짱의 아버지는 밋짱에게는 '아버지'이지만 엄마에게는 '남편'이며 학생들에게는 '선생님'이며 겐이치 삼촌에게는 '형'이며 할머니(아버지의 어머니)에게는 '자식'이라는 식이다.

어떤 의미에서 아이가 사회생활 속에서 홀로서기를 하기 위해서는 사회적 위치와 역할을 제대로 인식할 수 있게 되는 것이 가장 중요한 일이라고 말할 수 있다. 새삼스레 언급할 필요조차 없지만, 아이가 자기 주변에 있는 사람만이 아니라 같은 사회에서 살아가는 많은 사람들에 대해, 제각각의 사람들의 위치와 역할을 올바르게 인식할 수 있게 되는 것도 그야말로 다양한 타자와의 상호작용이 축적되었을 때 비로소 가능한 일이다. 하야미 사치코速水幸子 씨는 흥미로운 실험을 통해 아이들이 자신과 타자와의 위치관계를 인식하기 시작하는 것은 4세경부터라고 확인한 바 있다(고지마 히데오小嶋秀夫 편『영유아의 사회적 세계乳幼児の社会的世界』). 사회력 형성의 제2스텝은 낯선 사람들과의 상호작용으로까지 이어지는 끊임없는 '상호작용들의 연속'이라고 할 수 있다. 이런 기나긴 마라톤을 진취적으로 극복해야만 탄탄한 사회력이 형성되는 것이다.

습관화와 혁신의 제3스텝

사회력이 형성되는 제3스텝은 '사회적 행위의 일상화'라 부를 수 있는 단계다. 연령적으로는 성인기로 접어드는 20대 후반부터 대략 정년을 맞이하는 60세 무렵까지다. 학업을 마치고 취직하고 어떤 식으로든 직업을 가지고 결혼하고 자신의 가족을 유지하고, 그런 기반 위에서 봉사활동이나 동호회 활동, 지역에서의 다양한 활동에 참가하고, 나아가서는 환경호보 운동이나 정치모임 참여 등, 사회적 활동에도 참가하게 되는 시기다.

이 시기가 되면 사회활동을 영위해가는 데 필요한 사항은 일단 몸에 익혀 공유하고 있기 때문에 일상생활과 괴리감을 불러일으키는 일은 없어진다. 어떤 말이든 충분히 사용할 수 있고, 자신의 입장을 분별할 수 있으며, 자신이 해야 할 일을 잘 헤아릴 수 있다. 평소 관계를 가지고 있는 사람들은 물론, 처음 만나는 사람이라도 명함을 교환하거나 간단한 소개를 듣고 어떤 입장에서 어떤 역할을 하고 있는 사람인지 판단할 수 있다. 어떤 일의 옳고 그름을 분간할 수 있으며, 연령과 상황에 어울리는 복장을 갖추고, 그에 어울리는 말씨를 골라 쓸 수 있게 된다. 자신이 익힌 사회적 요소들을 활용하여 사회생활을 지속하는 가운데, 그런 것들을 보다 잘, 더더욱 안정된 것으로 수정해가는 과정이라 할 수 있다.

하지만 이 단계가 되면 종종 사회력 형성은 멈춰버리며 일정한 행위를 그저 반복하는 것에 그치는 경우가 많다. 때문에 바로 이 단계에서 사회력의 진가가 시험에 들면서, 그 성질을 발휘할 수 있도록 강한 기대를 받기도 한다.

이 점에 대해서도 조금 더 설명해두자. 이미 제2장 4절에서 설명한 것이지만, 이 책에서 말하는 사회력은 단순히 지금 살고 있는 사회에 적응하기 위해 필요한 지식이나 능력을 익히는 것만을 의미하지 않는다. 그 이상을 추구한다. 사회를 만들고, 사회를 보다 잘 운영하고, 나아가 지금 있는 사회를 개량하고, 경우에 따라서는 기존의 사회를 크게 변혁시켜갈 의욕과 능력이 있는 것을 의미한다. 그리고 그런 의미에서의 사회력을 뒷받침하고 있는 기본바탕으로 탄탄한 타자인식과 타자에 대한 뜨거운 공감능력이 있어야 한다. 사회력의 내용이 이렇다는 점을 떠올린다면 사회력의 진가가 바로 이 단계에서 발휘되어야 한다는 주장을 이해할 수 있을 것이다.

말하자면 사회력의 진가는 사회에 대한 강한 관심에서 사회의 개량이나 변혁으로 나아가는 것이며, 타자에 대한 뜨거운 공감을 동력으로 이타적 행동 내지는 향사회적 행동으로 나아가는 데 있다. 우리들은 자신의 사회력을 이 수준까지 끌어올릴 수 있도록 노력해야 할 것이다.

그렇다면 그를 위해 우리들은 어떻게 해야 할까. 굳어진 일상생활에 시종일관 매몰되지 말고, 상호작용할 수 있는 타자를 멀리 세계로까지, 적극적이고 폭넓게 찾아가는 일이 중요해질 것이다. 미국의 탁월한 사회학자 라이트 밀즈C. Wright Mills는 사회학적 상상력의 중요성을 강조한 것으로 알려져 있다(스즈키 히로시鈴木広 역『사회학적 상상력社会学的想像力』). 사회력을 형성하는 이 단계에서 추구되는 것은 그야말로 밀즈가 말하는 사회학적 상상력을 강화하는 것이다. 개개인의 사적인 상황을 바탕으로 폭넓게 사회적 문제까지 깊이 생각하고, 사회를 거시적으로 조망하는 시각 안에서 개인의 문제를 생각한다는 사회학적 상상력이야말로, 사회력 수준을 한층 업그레이드하기 위한 원동력이 될 것이기 때문이다.

사회력 형성과 관련된 신체 여러 기구

사회력이 형성되어가는 과정을 세 단계로 나누어 각각의 단계에서 엿볼 수 있는 특징들을 정리해보았다. 위의 설명으로 사회력이 만들어져 가는 프로세스에 대해서는 구체적인 이미지가 떠오를 것으로 생각된다. 하지만 가장 핵심적인 메커니즘에 대해서는 여전히 설명이 충분치 못한 것 같다. 그래서 여기서는 사회력이 만들어지는 구조에 대해 정리해보기로 하겠다. 단 그 전에 사회력 형성과 관련된 몇 가지 신체 기구에 대해 확인해둘 필요가 있다.

우선 먼저 확인해두어야 할 것은 아이의 발달은 모름지기 환경과의 상호작용에 의해 이루어진다는 사실이다. 기원전부터 인간의 발달을 좌우하는 것이 환경인지 유전인지 논쟁이 계속되어왔지만, 최근에는 유전형질을 통해 선천적으로 부여된 능력을 가지고 환경과 상호작용을 반복함으로써 선천적인 능력의 성능을 높여간다는 시각이 일반적이다. 그 말은 아이가 선천적으로 가지고 태어난 고도의 능력도 환경과의 상호작용이 없다면 그 성능을 온전히 발휘할 수 없게 된다는 말이 될 것이다. 후지나가 다모쓰藤永保 씨는 아이를 둘러싼 환경을 '인간' 환경과 '사물' 환경이라는 두 가지로 분류하고 있다(후지나가 다모쓰『발달환경학으로의 초대発達環境学へのいざない』). 사회력 형성이라는 측면에서 보자면 '인간' 환경과의 상호작용이 보다 중요하다는 점은 두말할 나위가 없을 것이다.

다음에 확인해두고 싶은 것은 이미 몇 번이나 반복해온 말이지만, 아이는 날 때부터 상당히 고도의 능력을 가지고 있다는 점이다. '유능한'이란 단어를 영어에서는 'competent'라고 한다. 하지만 이 경우 'competent'란, 예를 들어

지능지수가 높다거나 천재적인 음악적 재능이 있다거나 100미터를 10초 안에 뛸 수 있다는 것 따위를 의미하지 않는다. 오히려 환경과의 응답 능력이 탁월하다는 것을 의미한다. 요컨대 아이라면 누구나 환경과 상호작용할 준비를 하고 있으며, 그러기를 고대하면서 힘찬 울음소리를 내며 이 세상에 태어났다는 것이다.

또 하나 공통적으로 인식해두어야 할 것은 운동이든 인식이든 기억이든 정서든, 인간의 발달을 관장하고 있는 신체기관은 바로 뇌라는 사실이다. 그러므로 여기서는 뇌의 기본 구조와 기능에 대해 살펴보고자 한다(그림 11).

뇌를 만들고 있는 것은 뉴런이라는 신경세포다. 이 뉴런은 핵이 있는 세포체와 거기로부터 나온 한 줄기 축삭돌기와 다수의 가지 돌기(수상 돌기)로 이루어져 있다. 아울러 뉴런에는 다른 세포에는 없는 특수한 구조가 두 가지 있다. 바로 미엘린(수초)과 시냅스다.

미엘린이란 뉴런의 축삭돌기를 감싸고 있는 말이집으로 절연체라는 성질을 가진다. 이 미엘린으로 감싸인 신경세포는 말이집 신경이라 불리며 전기신호를 시속 200km의 스피드로 전달할 수 있다. 시냅스란 뉴런과 뉴

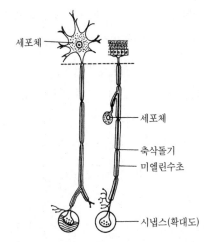

그림 11 신경세포(뉴런)의 형태. 좌측은 운동뉴런, 오른쪽은 감각뉴런의 모식도. 그림 가운데 동그라미를 친 가운데는 시냅스의 구조를 나타낸다 (사카키하라 요이치榊原洋一『인간의 발달이란 무엇인가ヒトの発達とは何か』)

런을 이어주고 있는 틈 부분을 말하는데 어떤 뉴런으로부터 전기신호로 전달되는 정보를 신경전달 물질로 전환하여 다른 뉴런에게 전달하는 기능을 하고 있다.

아이의 뇌는 태어난 시점에는 미숙한 상태지만, 환경으로부터 자극을 받아 급속히 완성품이 된다. 그 말은 뇌라는 부위는 어린 시절부터 사용하면 사용할수록 완성도가 높아진다는 말이다. 뇌를 사용하기 위해서는 외부로부터 자극이 전달될 필요가 있는데, 자극을 받음으로써 뇌 안에서 일어나는 것은 '미엘린화'와 '시냅스 형성'이라 불리는 작업이다. 결론을 축약해서 말하자면, 뇌 안의 정보처리 시스템화를 진행시키고 정보처리능력을 높이는 것이다. 이런 작업은 아이가 서서 걷고, 유의미한 첫 마디를 입에 담기 시작하는 생후 10개월 무렵부터 12개월 정도 사이에 급속히 이루어진다고 파악되고 있다(사카키하라 요이치『인간의 발달이란 무엇인가』).

외부에서 보면 아무것도 하지 않는 것처럼 보이는 아이의 뇌의 내부에서, 실은 엄청난 사태가 매일같이 벌어지고 있다는 말이다. 하지만 뇌의 기저부에 어떤 장애를 안고 태어난 자폐증 아동의 경우, 대뇌피질부에서의 미엘린화나 시냅스 형성이 잘 진행되지 않는 것으로 파악된다. 그 때문에 1세 무렵까지는 언뜻 보기에 '보통 아이'와 전혀 구별이 가지 않는다고 한다. 하지만 1세를 넘길 무렵부터 달라진다. '보통 아이'라면 그때까지의 뇌 안에서 행해진 정보처리작업의 정비가 성과를 거두어 심신 모두 활발히 활동을 시작하는 데 반해, 자폐증 아동은 계속 온순한 상태이기 때문에 부모들은 이 시점에서 비로소 이상하다는 것을 알아차리게 된다고 한다(전게 『자폐증으로부터의 메시지』).
자폐증 아동에게서 보이는 이런 증상은 만약 주변에 있는
어른들이 아기들과 상호작용을 게을리 했을 경우 '보통 아
이'에게서도 자폐증 아동과 비슷한 증상이 발생될 수 있음
을 시사한다.

　신체 기구의 확인이 다소 길어졌다. 여기서 확인한 것
들을 종합해서 생각해보면, 사회력이 형성되는 구조에 대
해서 대략 짐작할 수 있을 것이다. 마지막으로 그 포인트
부분을 뽑아서 정리해보도록 하자.

무수한 상호작용이 사회력을 키운다

　우선 아이들이 선천적으로 '인간' 환경과 호응하는 고도
의 능력을 갖추고 있다는 사실을 떠올려보기 바란다. 어
른들의 얼굴을 분간하고, 얼굴 표정을 모방하고, 사람의
음성을 정확하게 구분해서 듣고, 동일한 음을 자기도 발성
한다. 어른들이 웃는 얼굴로 말을 걸어주면 자기도 웃는
표정을 지어 반응하고, 어머니가 말을 걸어오면 목 울리기
(쿠잉cooing)로 응답한다. 주위에 있는 사물을 손이나 손가락

으로 가리키며 어른들에게 답변을 촉구하고, 부모의 시선
이 향해가는 쪽을 따라가면서 자신도 같은 사물을 바라본
다. 심지어 다른 사람에게도 '마음이라는 것'이 있다는 사
실을 알고 있어서, 그것을 전제로 자신의 행동을 결정하고
반응하는 능력도 가지고 있다. 아이는 이런 것들을 누군
가로부터 직접 배우지 않았지만 너무나 쉽사리 해낼 수 있
는 것이다.

하지만 여기서 주목하고 싶은 점은 이런 탁월한 능력이
라도 작동시키지 않으면 아무런 의미가 없다는 사실이다.
어떤 능력이든 '해발解發되고' 가동되어야만 한다. 그렇지
않으면 귀한 재능을 썩혀버리고 말 것이다. 따라서 외부
로부터의 상호작용에 의해 그 능력을 '해발시키는' 것이
매우 중요해진다.

'해발解發된다(특정한 반응이 일정한 시그널에 의해 유발되는 것-
역자 주)'라는, 그다지 익숙하지 않은 단어를 사용해보았는
데, 영어에서는 '릴리즈release'라고 한다. 일본에서도 신
곡 레코드나 CD를 발매할 때 릴리즈한다는 등으로 표현
되고 있다. 이 단어는 원래는 구속되어 움직일 수 없는 상
태에 있는 뭔가가 풀려서 방출된다는 의미인 것 같다. 아

이의 능력을 '해발한다'는 것은 그것을 풀가동시키기 위해 스위치를 ON으로 하는 것을 의미한다. 여기서 다시금 강조하면 능력을 '해발하는' 행위란, 즉 스위치를 ON으로 하는 행위란, 어머니를 비롯한 주위 어른들이 아이에게 상호작용을 시도하는 일이다. 이렇게 아이의 능력은 어른들과 상호작용을 반복함으로써 그 성능을 높여가는 것이다.

여기서 오해가 없도록 한마디 덧붙여두고 싶다. 지금 '성능의 해발'에 대한 설명에서 어른들로부터 아이에게로 건네지는 상호작용이라는 측면을 강조했지만, 그렇다고 아이의 능력이 외부로부터의 자극이 없다면 전혀 작동하지 않는다는 말은 아니다. 아이가 가진 능력은 자력으로 외부를 향해 자신의 작용을 전달할 수 있는 힘도 갖추고 있다. 하지만 아이가 먼저 일으킨 행동에 대해 주위 어른들로부터 적절한 응답이 없다면 아기의 행동은 위축되어 버리고 더 이상 이어지지 않게 된다. 손가락으로 돌려 회전시킨 풍차도 바람이 없어지면 금방 멈춰버린다는 말이다. 그런 의미에서 어른들의 호응(작용)이 '해발'의 역할을 한다고 말할 수 있는 것이다. '해발'에 대해서는 그렇게 이해하길 바란다.

그렇다면 아이가 갖추고 있는 능력이 '해발되고' 움직이기 시작한다는 것은 무슨 말일까. 간단히 표현하면 눈이나 귀나 몸을 통해 받은 자극을 뇌의 피질부에 보내고 미엘린화나 시냅스 결합을 계속 진행한다는 말이다. 외부로부터의 자극(정보)을 받아 방대한 수의 시냅스가 다른 뉴런이나 감각기관, 근육들을 잇는 작업을 계속한다. 뇌 안에서의 정보처리를 체계화하고 뇌의 성숙도를 높이는 것이라고 표현할 수도 있다. 요컨대 복잡한 신경(정보) 회로를 효율적으로 만들고 보다 신속하게 작동할 수 있도록 정비하는 것이다.

그런데 이 과정에서 발견할 수 있는 지극히 중요한 사실이 있다. 그것은 보다 많이 작동한 뉴런이나 시냅스는 그만큼 성능을 높여간다는 사실이다(전게 『인간의 발달이란 무엇인가』). '장기 증강long term potentiation'이라 일컬어지는 뇌의 성능은 기록이나 학습 기능의 근간이기도 하다는 사실이 밝혀지고 있다. 뇌는 외부로부터 자극을 받아, 사용하면 사용할수록 성능을 높이고 안정되고 성숙되어간다는 말이다.

타자에 대한 애착이나 타자에 대한 인식, 타자에 대한

감정이입 등을 핵으로 하는 사회력 형성에 있어서도 마찬가지다. 외부로부터의, 즉 타인으로부터의 작용이나 호응이 많아지면 많아질수록 농밀하고 안정된 사회력이 배양된다. 혹은 사회력 형성을 위해서는 타자와의 상호작용이 한층 중요한 의미를 가진다고 해야 할지도 모르겠다. 다양한 타자와의 상호작용이 많아질수록 사회에 대한 관심이 커지고 바람직한 사회를 구상하고 그 실현에 적극 가담하고자 하는 의욕과 능력도 신장된다. 이렇게 해서 사회력은 한 차원 높은 양질의 것이 되어가는 것이다.

4 사회적 본바탕이 형성되지 못한 아이의 사례

예외적 사례가 나타내는 사실

아이의 사회력의 밑바탕(본바탕)이 지금까지 설명해온 메커니즘으로 형성된다는 것은 사실일까. 사실이라면 어떻게 그것을 증명할 수 있을까. 인간은 사회적 동물이기 때문에 사회력 따위란 딱히 신경 쓰지 않아도 자연스럽게 배양되기 마련이다. "우리 집 딸이나 아들은 효자 효녀지만, 어린 시절부터 그런 식으로 훈육하거나 기른 적은 없다!" 이렇게 반론할 사람도 많을 것이다.

만약 갓 태어난 아기를 그대로 사람들한테서 떼어내서 4, 5년 정도 사람들과의 접촉을 완전히 차단한 상태에서 생존시키는 실험이 가능하다면, 그 아이가 어떤 인간이 될지를 증명하는 것은 그다지 어렵지 않을 것이다. 말도 못하고 인간에 대해 관심을 가지거나 애착을 느끼는 경우도 없는, 사람과 마음을 주고받지도 못하는, 즉 사회력 본바탕이 완전히 결여된 인간이 될 것임을 증명할 수 있을 것이다. 하지만 그런 실험은 한 사람의 인생을 헌신짝처럼 내던져 버리게 될 것이다. 인도적인 차원에서 허락되지 못한다. 따라서 사회력 본바탕이 형성되는 구조를 의도적인 실험을 통해 증명할 수는 없다.

그러나 인간의 역사가 오래되다 보면, 결코 있어서는 안 될 일이 종종 일어나기 마련이다. 어찌어찌한 사정에 의해 생후 얼마 되지 않았을 무렵부터 사람의 보살핌 없이 살아남게 된 아이들이 있었다. 이른바 야생어린이feral child라 일컬어지는 아이들이다. 또한 부모의 피치 못할 사정으로, 부모가 갓 태어난 아이를 직접 키울 수 없어서 길에 버리거나 고아원에 맡기는 경우도 종종 발생한다. 이런 아이들은 시설에 맡겨져 자라게 되는데 '인간' 환경이 불충분한 시설의 경우 때때로 사회성이 결여된 아이들이 적지 않다. 호스피털리즘hospitalism이라 칭해지는 증상(가정으로부터 장기간 떨어져 수용시설에서 보육됨으로써 생기는 심신장애-역자 주)이다. 나아가 부모에게 학대받으며 자란 아이들도 적지 않다. 이런 아이들도 사회성이 부족하다는 연구사례가 다수 존재한다. 이런 예들이 보이는 공통점은 초기 경험에서 타자와의 상호작용이 전혀 없거나 절대적으로 부족했다는 것이다.

그렇다면 이런 사례들을 검토하는 것은 사회력 형성에 관한 메커니즘의 정당성을 방증하는 셈이 될 것이다. 우선 여기서는 잘 알려진 야생어린이와 고아원 아이들에 대한 장기간의 조사 결과를 살펴보기로 하자.

'인간'이 될 수 없었던 야생어린이들

우선 먼저 오늘날 널리 알려진, 늑대에게 양육된 여자아이 아마라와 카마라에 대해 소개하자.

1920년 9월 인도의 캘커타 서쪽으로 약 100km 떨어진 숲속에서 자매로 추정되는 두 여자 아이가 발견되었다. 한 사람은 추정 연령 8세의 카마라, 또 한 사람은 추정 연령 1세 반의 아마라였다. 물론 두 사람의 이름은 발견된 후 붙여졌다. 기록에 의하면 발견될 당시 두 사람의 모습은, 말은 물론 사람의 음성조차 내지 못했고 손도 사용하지 못했으며 두 발로 서서 걸을 수조차 없었다. 다른 사람에게 친근감을 보이지 못했고 사람이 다가가면 이빨을 드러내는 경우도 있었다. 음식은 모두 육식이었고, 개처럼 손대신 입으로 음식을 먹었다.

그 후 싱 목사 부부가 두 사람을 거두어 돌보기 시작했다. 물론 인간으로 되돌리기 위한 교육도 시켰다. 인간의 행동을 습득하는 것은 아마라 쪽이 빨랐지만 발견 후 11개월 만에 사망하여 발달 상황은 2세 정도에서 끝나버렸다. 한편 언니인 카마라는 그 후 10년 가깝게 생존하여 그 발달 상황이 알려졌다. 그에 의하면 발달 과정은 극히 지체되어, 언어 습득만 보더라도 기억한 단어 숫자는 2년 후에 2개, 4년 후에 6개, 7년 후인 15세가 되어도 겨우 45개의 단어뿐이었다. 6년 후 가까스로 두 발로 걸음마를 시작

했고, 7년 후에는 아이들의 얼굴을 기억했으며, 이름의 첫 번째 글자로 부를 수 있게 되긴 했지만, 9년 후인 17세에 사망하여 짧은 생애를 마쳤다(조셉 암리토 랄 싱Joseph Amrito Lal Singh 저, 나카노 요시다쓰中野善達 외 역『늑대가 키운 아이狼に育てられた子』후쿠무라출판福村出版). 인생 초기 단계에서의 인간과의 상호작용의 결여가 이토록 아이를 인간으로부터 멀어지게 만들었던 것이다. 그 사실을 보여주는 귀중한 사례라고 할 수 있다.

1798년 프랑스 남부 아베롱의 라코느 숲속에서 발견되어 보호된 남자 아이 빅토르(추정 연령 12세)의 경우도 거의 유사했다. 발견된 후 빅토르를 키우고 교육시키는 역할을 맡은 것은 의사 장 이따르Jean Marc-Gaspard Itard였다. 의사 장 이따르는 빅토르를 인간으로 키우기 위해 다양한 방법을 동원했다. 예를 들어 환경을 잘 조성하여 정신적 안정을 꾀한다거나 여러 방식의 자극을 부여하여 신경의 감수성을 높인다거나 인간과의 접촉 빈도를 높인다거나 말을 가르치는 방법들이었다. 하지만 발달 상황은 미미했으며 좀처럼 정상적인 사회생활을 할 수 없었다. 성인이 된 후에는 이따르의 권유로 병원 일꾼을 하면서 지내다가 40세

라는 나이로 세상을 떠났다고 한다(장 이따르 저, 나카노 요시다쓰 외 역『아베롱의 야생어린이アヴェロンの野性児』후쿠무라출판). 역시 인생의 이른 시기에 겪었던 타인과의 격리가 사회적 인간이 되는 것을 불가능하게 만든 예라고 할 수 있다.

현대의 야생어린이 지니

또 한 가지 최근의 예를 소개하자. 1970년 11월 어느 날, 미국 캘리포니아 주 템플 시의 아동상담소에 한 여자아이를 데리고 어머니가 방문했다. 어머니의 손에 이끌려 온 여자아이의 이름은 지니였다. 아버지에 의해 외부 소리조차 차단된 자택의 작은 방안에서 1세 8개월부터 거의 10년간 구금 상태로 감금된 아이였다. 어머니는 남편의 학대가 두려워 그것을 그저 묵인할 뿐이었다.

지니는 1957년 4월에 태어났기 때문에 그때 만 12세였다. 체중 25kg, 137cm, 연령에 비해 신체 성장이 지체되어 있었다. 하지만 이변은 그것만이 아니었다. 대소변을 가리지 못했고 고형의 음식물을 씹을 수 없었으며 항상 침을 흘렸고 장소를 가리지 않고 기침을 했다. 하지만 연구자들의 관심을 가장 끌었던 것은 두 가지였다. 지니가 말을 전혀 하지 못했으며 하려고 하지도 않았다는 것, 타인에 대해 완전히 무관심했다는 것이다. 사회력 형성에 관심을 가지고 있는 필자가 가장 주목하고자 한 것도 바로 그 점에 있었다. 양친과 같은 지붕 아래서 살아왔으면서 전혀 상호작용을 하지 않았던 지니에게는 사회력 본바탕이 배양되어 있지 않았다고 할 수밖에 없었기 때문이다.

그런 관심을 가지면서 지니에 관한 기록을 읽고 있다가 흥미로운 문장을 발견하게 되었다. 치료 면에서, 혹은 연구 측면에서 지니와 어떻게 관계를 가져가야 할지, 협의에 동참하고 있던 연구자 중 한 사람, 베일러의과대학(미국, 휴스톤) 정신과 교수 데이비드 프리드먼 씨가 지니와 처음 만났을 때의 상황을 기록해두었던 문장이었다. 교수가 지니를 만났을 때는 구출 후 거의 2년이 경과되어 있었고, 나이도 벌써 14살이었다고 한다. 교수의 견해는 아이의 사회력 형성을 고려할 때 매우 중요하다고 생각하기 때문에, 다소 길지만 인용해두고자 한다.

"방에 들어가자 그녀(지니)는 아침식사를 하고 있었습니다. 함께 테이블에 앉아 있는 다른 두 명의 아이들은 너무나도 어린아이답게 들뜬 상태로 놀고 있었는데, 그녀는 그런 두 사람에게 아무런 관심도 없는 것 같았습니다. 그때의 인상을 말로 표현하기란 쉽지 않습니다만, 그녀가 두 사람을 무시하거나 거부하고 있었다고 말하는 것도 결코 정확한 표현은 아닐 거라고 생각됩니다. 오히려 그녀 입장에서 두 사람은 방안의 벽이나 가구와 다르지 않은 존재일 것 같다는 느낌을 받았기 때문입니다. ……문제는 도대체 어떻게 이 소녀로부터 자신이나 타인을 의식하고 타인에게 흥미를 가지거나 타인을 원하는 능력을 이끌어낼까 하는 것이겠지요. ……만약 이것이 달성될 수 있다면 그녀가 비교적 정상적인 생활을 할 수 있게 될 가능성은 있을 겁니다. 만약 달성되지 못한다면 자동인형 상태 그대로이겠지요. ……이것을 달성하기 위해서는 지니가 누군가 한 사람의 인간과 특별히 긴밀한 관계를 맺을 필요가 있습니다. ……어떤 교육을 하든, 효과를 얻기 위해서 우선 필요한 것은 그녀가 누군가 한 사람의 인간에게 강한 의존적 애착을 가지게 될 것, 그 사람과 일체감을 가지고 그 사람을 기쁘게 하는 일에 관심을 가질 수 있도록 하는 것이라고 믿고 있습니다. ……이런 애착이 형성되지 않는

한, ……그녀가 어떤 기술이든 배운 것을 자기와 통합해갈 수 있을지 의문스럽게 생각됩니다."(러스 라이머Russ Rymer 저, 가타야마 요코片山陽子 역『갇힌 소녀의 기록隔絶された少女の記録』)

필자가 사회력 본바탕으로서 이미지로 떠올리고 있는 대부분의 것들이 이 문장 속에 포함되어 있다. 사회적 본바탕 형성에 빼놓을 수 없는 것이 무엇이며 형성된 본바탕이 그 후 어떤 기능을 하게 될지에 대해 프리드먼 교수 역시 그 포인트를 잘 잡고 있었다는 말이 될 것이다.

사회력이 생기기 어려운 시설 출신 아이들

고아원이나 유아원, 혹은 양호시설 등에서 육친과 떨어져 살아갈 수밖에 없게 된 아이들에 대한 연구가 적지 않다. 1950, 60년대에 광범위하게 행해진 연구에 의해 시설에서 자란 아이들에게는 신체적 발육부전이나 정서장애, 언어나 사회성 발달의 지체가 보인다는 공통점이 있는 것으로 알려져 있다.

1970년대까지 거슬러 올라가는데, 필자도 도쿄 신주쿠新宿 오치아이落合에 있는 청소년복지센터에서 거주했던

젊은이들의 사례를 조사했던 적이 있다. 시설에서 자란 아이들은 의무교육 기간을 마치고 취직 등을 하면서 사회생활로 들어서게 되는데, 전원이 아무런 문제없이 자연스럽게 사회에 적응할 수 있었던 것은 아니다. 개중에는 일도 생활도 잘 꾸려가지 못해 해고당하는 케이스가 적지 않았다. 갈 곳을 잃은 젊은이들이 급히 몸을 의탁할 수 있는 최후의 보루 같은 역할을 하고 이들을 돌봐주고 있었던 곳이 청소년복지센터였다. 거기에 남아 있는 젊은이들의 상담기록을 봐도 역시 정서 장애나 사회적 상식 부족, 타인과의 협조가 어렵다는 등의 문제를 안고 있었던 것을 알수 있다(가도와키 아쓰시 편『유대감 없는 자들絆なき者たち』).

이런 증상을 심리학 등에서는 호스피털리즘이라 부른다고 앞서 언급했는데, 이런 부류 연구의 선구적 존재이자, 자신이 발견해낸 증상에 대해 그렇게 명명했던 사람은 유명한 정신분석학자 프로이드의 제자 르네 스피츠Rene Spitz였다. 그가 한 연구를 대표적인 사례로 소개하고자 한다(후지나가 다모쓰 외『인간 발달과 초기 환경人間発達と初期環境』).

스피츠는 평범한 집에서 자란 아이들 100명(케이스 1)과 두 가지 시설에서 자란 아이 총 200명을 비교했는데, 두 가지 시설은 제각각 특징이 있었다. 하나는 전문적 의사와 간호사가 있었고 건물도 위생적이었으며 설비도 잘 되어 있던 이른바 모델 시설이었고(케이스 2), 나머지 한 곳은 비행을 저지른 여성 재소자가 보모 역할을 하는 갱생 모자보호시설로, 설비도 부족하고 의학적인 배려도 없는 열악한 시설이었다(케이스 3). 세 가지 케이스 각각 100명의 아이들을 조사해본 결과, 의외의 결과가 확인되었다. 보통 가정에서 자란 아이가 보통인 것은 예상대로였다. 하지만 가장 문제가 많을 거라고 예상되었던 갱생 모자보호시설의 아이들이 보통 가정의 아이들과 비슷하게 자라준 반면, 모델 시설(케이스 2)에서 자란 아이들에게서는 높은 사망률과 현저한 발달 지체가 확인되었다. 특히 언어 발달 지체가 심해서 조금이라도 이야기를 할 수 있는 아이는 10명 중 겨우 1명 정도에 불과했다. 외운 단어가 12개 이하인 아이가 14명, 전혀 말을 못하는 아이가 6명이나 되었다고 한다.

어째서 이런 차이가 발생했을까. 스피츠의 보고에 따르면 아이들 숫자와 양육인 숫자의 비율 차이였다. 모델 시설에서는 아이들 10명에 간호사 1인이었지만, 모자보호시설의 경우 어머니가 일시적으로 다른 아이도 맡고 있었기 때문에, 1인이 평균 2명의 아이들을 보살폈다고 한다. 이런 연구를 통해 알 수 있었던 것은 아이의 발달을 좌우하는 것은 시설이나 설비의 우수성이라기보다는 사람과의 접촉 빈도, 이 책에서 거듭 사용해왔던 단어로 말하자면 타인과의 상호작용의 빈도수였던 것이다. 사회력에 한정시켜 조사해보면 더더욱 그 차이가 크지 않았을까 생각된다.

이런 연구 성과가 활용되어 그 후 이런 종류의 시설이 크게 개선되기 시작했고, 이런 종류의 연구도 줄어들게 되었다. 마지막으로 아이를 버리는 것이 일상이 된 레바논 베이루트 고아원 아이들을 1955년부터 1973년까지 18년간에 걸쳐 추적 조사한 사례를 소개해보도록 하겠다(웨인 데니스Wayne Dennis 저, 미타니 게이치三谷惠一 역『아동의 지적 발달과 환경子どもの知的発達と環境』).

조사를 실시한 사람은 미국의 발달심리학자 웨인 데니스였다. 조사 대상이 된 것은 creche라고 불리는 고아원에서 0세부터 6세까지 살았으며, 이 후 남녀 각각 다른 시설로 옮겨진 13, 4세까지의 남자아이, 16세까지 자란 여자아이들이다. 데니스 교수는 조사 도중에 미국의 평범한 가정으로 입양된 아이들과의 비교 등, 다양한 케이스를 조사했다. 이를 통해 얻어진 결론의 핵심내용을 요약하면, 유전적으로 아무런 결함이 없는 아이일지라도 그들을 보살피는 '인간' 환경에 질적인 열악함이 있을 경우, 그로 인해 지능이나 정신 발달에 지체를 초래할 수 있다는 것이다.

그중에서도 특히 관심이 집중된 것은 입양된 경우와의 비교에 의해 명확해진 사실이다. 즉 2세가 되기 전 입양되었는지, 아니면 그 이후 입양되었는지에 따라, 이후의 정신 발달에 유의미한 차이가 초래된다는 지적이었다. 물론 2세가 되기 전 입양된 아이들 쪽이 정신적으로 정상적이었음은 말할 것도 없다. 이런 사실은 무엇을 의미할까. 2세가 될 때까지 다른 사람과의 상호작용이 정상적이지 않았을 경우, 정신적인 발달에 약간의 지장을 초래할 수 있다는 것이다. 이 책에서 말하는 사회력의 밑바탕이, 지장을 초래한 것들 중에서 가장 중요한 것이었음을 쉽사리 짐작할 수 있다.

제4장 성장 환경은
어떻게 바뀌었을까

경제성장 지상주의가 초래한 환경 변화

앞에서는 최근 연구에 의해 밝혀진 아이들의 고도의 능력과, 인간의 사회력이 형성되는 과정과 구조에 대해 설명했다. 그를 통해 명확해진 점은 아이의 사회력은 출생 직후부터 '인간' 환경과 얼마나 빈번히 상호작용을 지속했느냐에 의해 형성된다는 사실이었다. 구체적으로 말하자면 타인과의 상호작용을 개시함으로써 아이의 고도의 능력이 '해발되고', 상호작용을 반복함으로써 사회력의 본바탕이 형성되며, 그것이 원동력이 되어 광범위한 타자와의 상호작용을 추구하게 되고, 그것을 적극적으로 지속하여 사회적 요소가 공유되면서 양질의 사회력 형성으로 이어져 간다는 것이었다.

한편 최근 젊은 세대의 사회성 결여가 어른들이 탄식하고 걱정하는 근본 문제가 되고 있다. 분명 젊은 세대에게는 여기서 말하는 '사회력 저하의 경향'이 없지 않기 때문이다. 제1장에서 살펴본 인간혐오 현상이 그 하나의 증거라고 할 수 있다. 만약 그런 현상이 진행되고 있다면, 그원인은 아이들을 둘러싼 성장 환경이 사람과 사람 사이의 교류나 공동체험을 방해하는 방향으로 변화되고 있기 때문이라 말할 수 있을 것이다. 과연 그럴까.

따라서 이번 장에서는 그런 현상이 현저해졌다고 생각되는 1970년대부터의 변화, 특히 1980년 이후의 어린이들이나 젊은이들의 성장 환경의 변화와 그에 동반되는 일상생활 공간의 변화를 점검해보기로 하겠다. 여기에서 필자의 관심은 오로지 사회력 형성에 있다. 그렇다면 사회 환경의 변화가 어린이들이나 젊은이들이 타자와 상호작용할 기회를 얼마나 제약해왔는지 명확히 판단할 수 있어야 할 것이다.

또한 성장 환경의 변화에 대해 미리 언급해두자면, 만약 도시화의 진행이나 생활의 합리화, 서비스화 등의 환경 변화와 그에 동반되는 생활 변화가 젊은 세대들의 타자와의 상호작용을 저해하는 요소가 되고 있다면, 그 근본적 원인이 '경제성장 지상주의'와 '생활의 모든 측면에서의 효율화 추진'에 있을 거라는 사실을 잊어서는 안 될 것이다.

1 변화된 가정환경과 가족 기능

가정과 가족을 둘러싼 기본 요인의 변화

영유아기나 아동기에 있는 아이들의 성장 환경이란 측면에서 보자면, 뭐니 뭐니 해도 가정이나 가족 환경의 무게는 절대적이다. 따라서 우선 가정이나 가족 변화부터 점검해보고자 하는데, 그 내실을 살펴보기 전, 가족 형성과 관련된 사항이 고도경제성장기 이후 어떻게 변화했는지 간단히 총괄해보자.

먼저 부모 세대인 성인들 쪽의 변화를 살펴보자. 경제성장에 따라 산업구조가 농업을 중심으로 하는 제1차 산업에서 공업, 서비스업을 중심으로 하는 제2차, 제3차 산업으로 크게 변화했다. 이런 변화는 도시 지역으로의 이주나 아버지들의 샐러리맨화를 촉진시켰다. 아버지들 대부분이 아침 일찍 집에서 나와 북적거리는 출퇴근 전철을 타고 직장으로 향했다가 저녁 늦은 시간이 되서야 집으로 귀가한다. 그동안 집에 있던 어머니가 가사나 육아를 하면서 아이들과 함께 아버지의 귀가를 기다린다는 것이 평균적인 가정의 형태가 되었다.

경제성장이 진행되고 소득수준이 올라감에 따라 아버지들은 직장에서 멀리 떨어진 도시 외곽 내 집을 장만했다. 그 안에 아이들의 공부방이 만들어지는 것이 당연시되었고, 어머니들은 연이어 개발되고 발매된 가전제품을 사들이느라 여념이 없었다. 동경해 마지않던 문화생활이 마침내 실현된 것이다.

나아가 생활이 더더욱 윤택해지며 가사나 육아에 손이 덜 가게 되었고, 가사 관련 다양한 서비스를 이용할 수 있게 되었을 무렵부터, 어머니들의 자기실현 활동과 파트취업, 본격적인 취업활동이 많아진다. 여성의 사회진출로 일컬어지는 사회현상의 진전이다. 당연히 맞벌이 가정도 많아진다.

한편 아이들 측면에서 보면 "적게 낳아 소중히 키운다"는 부모들의 방침이 철저해짐에 따라 형제들의 숫자가 적어졌다. 저출산의 진행이다. 고등학교나 대학으로의 진학률이 높아짐에 따라 수험 전쟁도 격화되었고, 너나 할 것 없이 밤낮으로 공부에만 파고들어야 하는 상황이 되었다. 그런 자녀들의 경쟁력을 강화시키고자 부모들은 공부방을 준비해주었다. 아이들은 즉각 그곳을 자신 취향에 맞는 공간으로 꾸민 후 틀어박혔고, 공부 이외의 시간에도 그곳에서 보내게 된다. '부모 자식 별거'의 시작이다.

가정과 가족을 둘러싼 이런 변화는 고도경제성장 이전의 일본에서는 전혀 볼 수 없었던 지극히 새로운 사태였다. 가정이나 가족과 관련된 기본 요인이 이만큼이나 변했다면, 당연히 거기서 이루어지는 생활이나 가족 관계에도 커다란 변화가 발생될 것이다. 어떤 변화를 보였을까. 사회력 형성에 직접 관계된 가족끼리의 상호작용이 어떻게 되었는지에 초점을 맞춰 살펴보기로 하자.

작아진 가족 사이즈

고도경제성장기 이후의 가족 변화는 구조면, 기능면에서 상당한 것이었다. 핵가족의 증가라든가 '마이 홈 주의'의 진행이라든가, 가족 기능의 외부화 등을 들 수 있다. 가족과 관련된 여러 변화가 지적되는 가운데 의외로 주목되지 않았던 것이 '가족 사이즈가 작아졌다'는 사실이었다. 하지만 사회력 형성이라는 관심사 측면에서 되돌아보았을 때, 매일 함께 머리를 맞대고 살아가는 가족 구성원들의 인원수가 해마다 적어졌다는 사실은 좀 더 주목되어야 마땅할 일이다.

그렇다면 가정의 인원수는 얼마만큼이나 적어졌을까. 그림 12는 1920년경부터 1세대당 평균 인원의 변화를 드러낸 것이다.

이 그림을 통해 알 수 있듯이, 고도경제성장이 시작되기 이전인 1955년 무렵까지는 평균 5인이었다. 가족에 관한 통계는 1870년대 초엽까지 거슬러 올라가 조사할 수 있는데, 그것을 통해 살펴보면 1870년대 초엽부터 일본의 1세대당 인원수에는 거의 변화 없이 계속 평균 5인이었다는 사실을 알 수 있다. 통계는 없지만 아마도 1600년대에 시작된 에도시대에도 평균적인 서민 가족 인원수 역시 5인 정도였을 것이다. 일본의 서민들이 살던 비좁은 토끼장 같은 집에서는 5인이 지내는 것이 고작이었다는 말일지도 모르겠다. 어쨌든 일본에서는 상당히 오랫동안 가족이란 5인이 함께 몸을 부대끼며 지내는 것이 일반적이었다는 말이다.

하지만 경제성장이 시작된 1960년대 무렵부터 세대 인원수가 해마다 감소되어 최근에는 3인 이하가 될 정도까

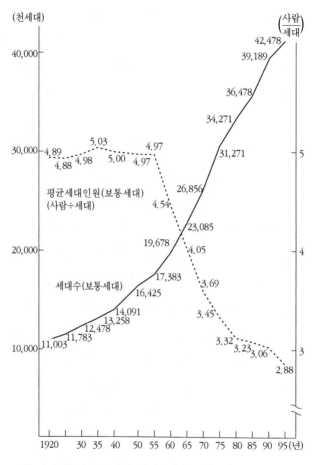

그림 12 세대수 및 1세대당 인원수의 추이 (총무청 통계국『국세조사보고』 각 연도별 자료를 바탕으로 작성)

180

지 감소하고 있다. 바야흐로 매일 함께 지내는 가족은 기껏해야 3인이나 혹은 그 이하가 되었다. 3인의 내역을 살펴보면 한 사람은 아버지, 한 사람은 어머니, 나머지 한 사람이 장남이나 장녀. 어느 쪽이든 독자일 것이다. 아이의 사회력을 배양하기 위해서는 다양한 타인들과의 빈번한 상호작용이 필요하다는 이론에 비추어보면, 세대 인원이 5인에서 3인이 된다는 변화는 엄청난 의미를 가지고 있다. 가족을 구성하고 있는 가족 상호간의 인간관계, 예를 들어 '엄마와 자녀와의 관계'를 하나로 간주하여, 5인 가족으로 지냈던 당시의 인간관계의 숫자를 계산하면, '아이와 할아버지', '누나와 아버지' 등의 관계까지 포함하여 도합 10종류에 육박한다.

하지만 3인 가족이 되면 '아버지와 어머니', '아이와 아버지', '아이와 어머니'라는 3종류로 줄어든다. 가령 지금 상정하고 있는 집을 야마다 집안이라고 하면 야마다 집안에 태어난 장남인 다로는 과거에는 10종류의 인간관계가 교차되고 있는 가운데 상호작용을 했고, 일상적으로 교류하는 다른 가족들의 상호작용까지 참여·관찰할 수 있었다. 하지만 지금은 '자신과 아버지', '자신과 어머니' 그리고 '아버지와 어머니'라는 관계 속에서만 상호작용하며 관찰할 기회도 줄어들었다. 제2장 2절에서 살펴본 것처럼, 아이들이 타인의 위치나 역할을 일반화시켜 인식하는 것은 보통 일이 아니다. 그렇다면 가정 내에서의 인간관계와 그에 동반되는 상호작용의 감소가 사회력 형성을 저해하는 방향으로 크게 영향을 미치게 되었을 것이라는 점은 쉽사리 추측할 수 있다.

가정의 호텔화와 가족의 분단

매일 함께 지내는 가족의 인원수가 감소되었고, 그 속에서의 상호작용의 기회가 눈에 띄게 감소했으며, 그 기회를 더더욱 줄어들게 만드는 변화도 현저해졌다. 그 하나가 아이에게 '자기 방'을 주는 것이 당연시되었다는 점이다. 1980년대 초반 어느 은행이 실시한 조사에 의하면, 그 당시 이미 중학생의 70% 이상이 자기 방을 가지고 있다고 답변했다. 초등학생이라도 중학교 수험공부 준비가 시작되는 5, 6학년이 되면 일반적으로 공부방을 갖게 되었기 때문에 대다수의 초등학생이 자기만 쓸 수 있는 자기 방을 가지고 있었다고 봐도 무방할 것이다. 자기 방이 생기면 아이들이 거기에 틀어박혀 버리게 될 것은 상상만으로도 충분히 짐작이 간다. 당연히 가족들과 상호작용할 기회도 줄어들 것이다.

또한 교외에 단독주택 형식의 '내 집'을 마련함으로써 아버지의 출퇴근 시간이 길어졌고, 그만큼 아버지가 가족들과 접촉할 수 있는 시간은 더더욱 줄어든다는 사태를 초래했다. 아버지의 일터까지 거리가 멀어진 만큼, 아침에는 서둘러 집을 나서야 했고 의례 한밤중이 되어서야 귀가할 수 있었다. 당연히 집에 있을 수 있는 시간은 줄어들었다. 집에 있는 시간이 적어지면 아이와 접촉할 수 있는 시간도 당연히 줄어들 것이기 때문에, 아버지와 아이가 집에서 만나는 것 자체가 드문 일이 되었다.

어떤 중학생이 여름 방학 중 어느 날 어머니에게 물었다고 한다. "엄마, 최근에 아빠를 도무지 볼 수가 없는데, 무슨 일 있어?", "무슨 소리니? 아버지는 회사일 때문에 4월부터 후쿠오카에서 혼자 지내시잖아!" 일부러 꾸며낸 이야기 같지만 도쿄에서 실제로 일어났던 일이다. 중학교에 다니는 외아들은 자신의 아버지가 집에 있지 않게 된 사실

그림 13 후지 산타로
(사토 산페이 작, 아사히신문)

을 몇 개월 동안이나 눈치 채지 못했던 것이다. 그 정도로 요즘 아이들에게는 아버지가 집에 없는 것이 당연한 일이 되었다는 말이다. 물론 아버지와 접할 기회도 줄어든다.

그뿐만 아니라 요즘에는 어머니의 외출도 잦아지고 있다. 파트타임 근무나 정규직 때문이기도 하고, 뭔가 배우러 다니는 경우도 있으며, 각종 학부모 활동이나 지역 활동, 혹은 봉사 활동 때문이기도 하다. 이리하여 아이와 어머니의 접촉 시간도 줄어든다. 그림 13은 아사히신문에 연재되었던 '후지 산타로'의 1985년 5월 11일 게재분이다. '어머니의 날' 아이들이 감사의 마음을 전하고 싶다고 생각하는 것은 '어머니'가 아니라, 냉장고나 오븐 등 가전제품이라는 것을 비꼬아서 묘사한 것이다. 하지만 그 후 사태가 호전되었다고는 결코 말할 수 없다.

NHK 조사에 의하면 아침에 홀로 아침 식사를 하는 아이가 점점 늘고 있다고 한다(NHK 종합 방송, 1999년 7월 17일 방영). 대화도 없고 단란함도 없고 그저 서로가 거기서 숙박하고 있을 뿐이라는, 오코노기 게이고小此木啓吾 씨가 말하는 '호텔 가족화'가 한층 진행되고 있는 것이다(오코노기 게이고『가정이 없는 가족의 시대家庭のない家族の時代』). 세대 인원수 감소뿐만 아니라 자기 방에 틀어박혀 버리는 아이들이 늘었고 부모가 집에 있는 시간이 줄어들게 된 것이, 부모와 자녀들 간의 상호작용 기회를 한층 감소시켰다.

공동 작업 기회의 상실

가정에서 잃어버린 것은 가족끼리의 교류와 단란함의 기회만이 아니다. 가족이 함께 공동 작업할 기회도 줄어들었다. 엄마가 하는 가사나 아버지가 하는 집안 살피기, 밭일하기를 아이들이 도와줄 수 있는 기회가 줄어든 것이다. 부모와 자식이 하나가 되어 뭔가를 하면서 이야기를 나누는 것은 사회력 형성이라는 측면에서 엄청나게 중요한 의미를 가지고 있다. 이런 기회와 행위를 통해 부모와 자식은 언어의 의미나 상황에 부여된 의미를 공유하기 때문이다. 가정 내에서 공동 작업의 기회가 줄어든 이유는 크게 두 가지다. 하나는 가정용 전자제품 보급에 의한 가정생활의 간편화이며, 나머지 하나는 가정 대상 서비스 보급에 의한 가족 기능의 외부화 때문이라고 할 수 있다.

새삼 말할 것도 없이 텔레비전, 전기밥통, 냉장고, 세탁기, 청소기, 간이 급탕기, 전자레인지, 오븐, 에어컨, 스토브 등등, 일본의 어느 가정에서든 이런 가전제품들이 있다. 바야흐로 가사의 모든 것들을 가정용 전자제품에 맡기면 되고, 아이한테 도와달라고 말할 필요도 전혀 없게 되었다. 또한 청소나 세탁, 야채 배달 등 가정을 대상으로 한 다양한 서비스가 차츰 개발되고 이용되게 되었으며, 전국 어디에든 집 근처에 편의점이 있는 시대다. 가족 누구라도 자신의 손을 굳이 쓰지 않아도 쾌적한 생활을 누릴 수 있게 되었다. 바야흐로 아이들은 가전제품이나 하이테크 기기를 사용하며 아무런 불편 없이 하루를 보낼 수 있게 되었다. 가족을 도와주는 일에서 벗어난 정도가 아니라, '생존을 위한 가족 그 자체'를 더 이상 필요로 하지 않아도 될 정도까지 와버렸다.

이래서는 안 된다며 가족끼리 휴일에 유원지나 디즈니랜드 같은 곳에 가봐도, 그곳은 온갖 서비스가 잘 갖추어져 있는 곳이다. 가족이 함께 땀을 흘리며 공동 작업을 체험할 수 있는 곳이 아닌 것이다. 체험을 통한 부모자식지간의 상호작용 기회는 집 안이든 바깥이든 사라져 버리게되었다. 지금까지 살펴본 것처럼 사회력을 형성할 가정의토양이 해마다 쇠약해져 가고 있음이 분명하다.

2 잃어버린 지역 커뮤니티 기능

도시화 진행과 시골 지역 공동화

앞에서도 언급했던 것처럼 고도경제성장기 이전부터시작된 산업구조 변화는 급속한 도시화를 초래했다. 농촌지역에서 도시 지역으로 인구가 이동된 것이다. 종전으로부터 5년 후인 1950년, 일본의 도시 인구는 아직 38%에불과했다. 하지만 고도경제성장 직전인 1960년에는 64%까지 치솟았고, 그로부터 20년이 지난 1980년에는 76%에 육박하게 되었다. 그 후 도시 지역 인구는 더더욱 늘어나 지금은 일본인들 5명 중 4명이 도시에서 살고 있다는 말이 된다. 아주 짧은 기간에 급속도로 도시화가 진행되었다는 사실을 알 수 있다.

이주에 의해 도시로 사람들이 모였다는 것은, 농촌 지역으로부터 사람들이 없어졌다는 사실을 의미한다. 처음에는 취직이나 진학을 위해 농가의 차남, 삼남, 차녀, 삼녀들이 도시로 떠났지만, 경제 성장이 진행됨에 따라 집안 전체가 시골을 뜨는 경우가 늘어갔다. 촌의 집단적 주거지로부터 한 집씩 떠나며 사람들이 점점 사라졌다. 시골 지역이 공동화되기 시작한 것이다. 이리하여 시골 지역 인구가 최전성기의 절반에서 3분의 1로 감소한 곳이 전국 각지에서 발견되었다(아다치 이쿠쓰네安達生恒『'무라'와 인간의 붕괴'むら'と人間の崩壊』).

그렇다면 아이들의 성장환경이라는 시점에서 봤을 때, 이런 급속한 도시화나 시골 지역의 공동화는 어떤 변화였다고 말할 수 있을까. 단적으로 말하자면 상호작용할 수 있는 사람들이 지역에서 사라졌다는 말이며, 공동 체험의 장과 기회가 지역에서 사라졌다는 말일 것이다. 별개의

책에서도 소개한 적이 있는데(전게『어린이와 젊은이의 '이계'』),
필자의 경험을 써보도록 하겠다.

필자는 초등학교에 들어가기 1년 전부터 고등학교 졸업 때까지의 기간을 야마가타山形 현 쇼나이庄內 지방에서 보냈다. 고도경제성장기 이전, 쇼나이의 농촌 지역에서는 쌀 경작과 관련된 다양한 인적교류가 있어서 공동 작업의 장과 기회가 많았다. 예를 들어 봄의 모내기 시기에는 학교가 일제히 방학에 돌입해서 초등학교 1학년생부터 중학교 3학년생들까지, 집이 농가든 아니든 전원이 일주일간 모내기를 도와주어야 했고, 가을 수확 시즌 역시 학교는 일주일간 휴교, 다시금 전원이 벼 베기나 수확 운반을 도왔다. 이 시기에는 고향을 떠나 도시로 돈 벌러 나갔던 사람들까지 무더기로 돌아와 작업을 도와주곤 했기 때문에 시골이란 시골은 모조리 사람들로 넘쳐나곤 했다. 속담 표현 그대로, 고양이 손이라도 빌리고 싶어질 정도로 바쁜 와중이었기 때문에, 아이들도 한 사람 몫의 노동력으로 어른들과 함께 작업하고, 같이 밥을 먹고, 이런 저런 세상 이야기를 듣는다. 사회력 형성에 이토록 도움이 된 장이나 기회는 다시없을 거라고 말할 수 있을 정도였다. 이

시기에 이런 경험을 했던 것은 비단 나 혼자만이 아니다. 아마도 함께 하는 작업 내용은 다를지라도 도시 지역에서도, 즉 전국 어디에서든 아이들은 이렇게 살아가고 있었을 것이다(다카하시 마사루高橋勝 · 시모야마다 야스히코下山田裕彦 편『아동 '생활' 사회사子ども の'暮らし'の社会史』). 하지만 경제의 고도성장에 동반되는 급속한 도시화와 시골 지역의 공동화는, '지역'이라는 아이들의 생활공간으로부터, 어른과 아이들이 상호작용할 장과 기회를 박탈해갔다.

지역은 있으되 커뮤니티는 전무함

급속한 도시화가 얼마만큼이나 아이들의 성장 환경을 망쳤는지 아무리 한탄해본들 이미 사태를 되돌릴 수는 없다. 문제는 농촌 지역을 벗어나 도시 지역으로 이주해간 사람들이 그곳에서 어떤 생활공간을 만들었는지에 있다. 현재 일본의 아이들 4명 중 3명이 도시에서 태어난다. 그렇다면 도시에서 태어난 아이들이 자라나는 환경은 지금 어떻게 되고 있는 걸까. 이런 관점에서 도시 지역의 성장 환경을 살펴볼 때 현 상황이 바람직한 상태라고는 도저히 말할 수 없을 것 같다.

지역사회가 어떤 상태에 있는지를 검토할 때, 필자의 경우 '지역'과 '커뮤니티'를 나누어 검토하고 있다. 일반적으로 지역은 영어의 커뮤니티에 대응하는 말로서 거의 비슷한 의미로 사용되고 있다. 하지만 필자는 두 가지를 알맹이가 다른 개념으로 사용하고 있다. 그렇게 함으로써 막연한 지역사회가 좀 더 잘 보이기 때문이다. 어떻게 구별하고 있는지 대략적으로 설명해보겠다.

우선 '지역'의 경우, 인간이 살고 있는 일정한 거주 구역을 말한다. 물론 거기에는 강이라든가 연못, 혹은 언덕 같은 자연물과 관청, 우체국, 역, 학교, 상점, 식당, 백화점, 도서관, 공원 등 다양한 생활 관련 시설, 즉 인공물들이 있다. 그런 것들을 포함하여 지역이라 간주하기로 한다. 눈으로 보거나 신체로 직접 접촉할 수 있는 실체라고도 말할 수 있을 것이다.

이에 반해 필자가 생각하고 있는 '커뮤니티'란 눈으로 볼 수 있는 것이 아니다. 거기에 사는 주민 한 사람 한 사람의 마음속에 있는 지향이라든가, 그 지향에 근거해 활동이 지속됨을 가리킨다. 이렇게 설명해버리면 이해하기 어려울 수도 있으므로 좀 더 구체적으로 설명하겠다.

커뮤니티란 그곳에 사는 주민들이 해당 지역에 애착을 느끼고 있으며, 그렇기에 그곳에 계속 살고 싶다고 생각하고, 살아가고 있다는 영주의식이 있기 때문에 그곳을 조금 더 살기 좋은 곳으로 만들고 싶다고 생각하는 것이다. 즉 그런 의욕이 있기 때문에 지역을 개선하는 활동에 참가하여 활동을 계속하는 상태를 말한다. 요컨대 지역에 대한 애착이나 정주의식, 지역 개혁의식이 주민들 내면에 존재하며 그에 바탕을 둔 지역 만들기 활동을 주민들이 하나가 되어 지속해갈 때, 거기에 커뮤니티가 있다고 간주할 수 있다는 말이다.

도시로 이주한 신주민들이 과연 이런 커뮤니티를 만들었을까. 유감스럽게도 대답은 NO이다. 지역에 주택은 밀집되어 있어도 서로 옆집 사람이 어떤 사람인지 무관심하거나 지역에 뭔가 불만이 있다면, 관청에 전화를 걸어 당장 처리해 달라고 목소리를 높일 뿐이다. 지역은 있으되 커뮤니티는 전무한 곳이 대부분이다. 어른들에게 지역사회에 대한 관심이나 지역을 개선할 활동 의지가 없는 곳에서 아이들의 사회력이 형성될 리 만무하다.

3 공동성을 상실한 학교생활

현재의 학교교육이나 학교생활의 문제점, 폐해에 대해서는 이미 충분히 논의되고 있는 감이 없지 않다. 지식편중, 점수 만능주의, 편차치에 따른 획일적 대학 선택, 자잘한 교칙, 체벌, 그리고 학교폭력, 이지메, 등교거부, 교사 폭행, 학급붕괴 등등, 계속해서 온갖 문제점들이나 폐해가 그치지 않는다고 생각된다. 그만큼 현재의 교육 형태나 학교는 커다란 병의 근원을 안고 있다는 말이 될 것이다.

하지만 여기서 교육 비판이나 학교나 교사들에 대한 비판을 되풀이하고 있을 생각은 없다. 지금 하고자 하는 것은 학교에서의 사회력 형성이라는 관점에서 고도성장기 이후 학교생활로부터 무엇이 상실되었는지를 점검하는 일이다. 학교생활이 잃어버린 것을 정리해보면 아이들 사이의 동료의식, 연대감, 연계의식 등을 들 수 있다. 한마디로 공동성의 상실이라고 표현할 수 있을 것이다. 다음은 조금 상세히 우리들이 잃어버린 것들에 대해 살펴보기로 하자.

경험주의적 커리큘럼의 추방

여기서도 필자의 학교 체험을 소개하고자 한다. 필자가
초등학교에 입학했던 시기는 1947년 4월, 제2차 세계대전
이 끝나고 미국을 중심으로 한 점령군의 지도 아래 학교제
도의 발본적 개혁이 시도되며 새로운 교육제도가 출발한,
바로 그 해였다. 필자는 전후 새로운 교육의 제1기생이었
던 것이다. 일부 컬러로 인쇄된 국어 교과서의 제1과는 모
두 히라가나로만 표기되어 있었고, "착한 아이, 착한 아이,
모두, 착한 아이"로 시작되는 참신한 것이었다. 지금도 선
연히 기억에 남아 있다.

이렇게 시작된 새로운 교육을 지탱한 교육철학은 그 유
명한 존 듀이가 제창한 경험주의 교육이었다. 그 이전의
교육은 예를 들어 역사 공부라면 역대 천황의 이름을 통
째로 달달 암기하는 등 주입식 교육이 핵심이었는데, 그
와 정반대로 모름지기 자신의 신체로 경험하고 스스로 생
각하며 직접 조사하는 것을 중요시하는 교육이었다. 그런
까닭에 교과목도 현재처럼 국어, 산수, 과학, 사회 등, 엄
격히 구분된 것이 아니라 그런 것들을 관통하는 코어 커리
큘럼이 권장되고 있었다. 이른바 학생들이 함께 하는 체

험학습이다. 일례를 들면 '강의 오염도 조사'라는 수업이 있었다. 마을 중심부를 흐르는 총 길이 20미터나 되는 강의, 상류에서 하류까지 포인트가 되는 몇 군데 장소에서 물을 채취하여 그 오염도를 조사한다. 오염도에 차이가 있으면 원인을 추측해서 조사하고, 그 결과를 보고서로 완성시켜 제출하는 수업이다. 물론 이런 일련의 작업은 몇 조의 그룹 단위로 함께 하는 것이었는데, 오염도 조사는 과학, 그 과정에서 행하는 계산은 수학, 오염의 원인 조사는 사회, 보고서 정리는 국어 공부가 된다고 할 수 있었다.

이런 수업은 분명 수고스럽고 번거롭다. 하나의 과제를 끝마치는 데 1개월이나 2개월은 소요된다. 또한 그렇게 해서 얻어진 지식이 체계적인 것도 아니었다. 하지만 학교 밖으로 나가 현장에서 만난 사람들에게 자료를 얻거나 마을의 어르신에게 옛날이야기를 듣는 경우도 있었다. 모두 함께 하는 작업은 즐거운 것이었고, 마지막에 시험을 보는 일도 없었다. 수험에 도움이 될 지식 습득으로 이어지지는 않았지만, 마을에 여러 사람들이 있으며 여러 방식으로 살아가고 있다는 것을 그 사람들을 직접 만나 알게 되었다. 이런 경험들을 통해 인간에 대해 관심을 가지게 되었고 사람들의 삶이나 사회에도 관심이 가게 되었으며 분명 사회력이란 것도 배양되어갔다고 생각된다.

학교에서의 공동 체험은 그런 수업을 통해서만이 아니었다. 가정 시간에는 주로 학교에 있는 밭에서 직접 농사를 지었으며, 가을에는 이른 아침 전교생이 총출동해서 메뚜기를 잡았고 그것을 구워서 팔아 야구 글러브나 방망이, 공 등을 사러 갔던 적도 있었다. 혹은 학생 전원이 산속 깊이 들어가 높은 나무에 올라 산머루를 따서, 그걸 가지고 포도주를 만들어 번 돈으로 배구공이나 농구공을 사러간 적도 있었다. 이런 모든 활동들이 연간 행사 안에 포함되어 있었다. 휴교를 함으로써 모내기나 벼 베기에 일제히 참여했다는 이야기는 앞에서 소개했던 바 있다. 그 외에도 학교 근처 수풀 벌목이나 하천을 이용한 풀장 만들기 등, 지금은 이미 없어진 체험들이 수없이 많다. 어쨌든 과거의 학교생활에서는 다양한 공동 체험이 가능했다. 그리고 그런 공동 체험을 통해 아이들은 타자에 대해 알고 타자에 대한 공감대를 확대시키며 사회력을 길러갔던 것이다. 그로부터 오랜 세월이 지난 지금도 당시의 급우 한 사람 한 사람의 이런 저런 모습들을 낱낱이 기억할 수 있는 것은 사회력이 생긴 증거라고 말할 수 있을 것이다.

하지만 이런 경험주의적 교육이나 커리큘럼은 고도성
장기로 접어든 1960년대가 되면 '땅에 떨어진 경험주의'라
고 매도되며 학교로부터 추방당해버린다. 대신 권장된 것
은 체계적인 지식의 효율적 습득을 중시한 계통주의 교육
이었다.

편차치가 갈라놓은 동료 의식

경제의 고도성장이 이륙기를 끝내고 상공을 향해 단숨
에 날아올라 버렸을 무렵부터 고등학교나 대학으로의 진
학률 역시 해마다 고공행진을 거듭했다. 학교생활이 급속
히 수험 본위로 재편되어갔다. 참고로 고교진학률은 경제
성장이 이륙하기 시작한 1960년에는 58%였지만, 10년 후
에는 82%, 20년 후인 1980년대에는 94%까지 치솟았다.
고교진학률로부터 5년의 시차를 두고 시작된 대학진학률
의 상승도 그 기세는 마찬가지여서, 1965년 17%, 1975년
38%, 그리고 1995년 45%로 가속화되었다. 이 과정에서
아이들의 학교생활은 완전히 딴판이 되었다.

그것을 상징하는 것이 편사치의 등장이다. 편사치가 학교에서 일상적으로 사용되고 인구에 회자되게 된 것은 1970년대에 들어오고 나서부터의 일이다. 1979년부터 개시된 공통 1차 시험이 전국적으로 이것을 보급시켰다고 해도 무방하다. 수험 지도에 편사치 사용을 일반화시킴으로써 '편사치 탄생의 아버지'라고 일컬어지는 구와타 쇼조桑田昭三 씨에 의하면 원래는 들어가고 싶은 학교에 입학할 수 있는지의 여부를 예측하기 위한 편리한 수치에 불과했다고 말한다(마이니치每日신문사 편『내부보고서 · 편사치의 비밀 内申書 · 偏差値の秘密』).

하지만 컴퓨터에 의해 방대한 숫자를 순식간에 계산할 수 있게 된 탓에 이 숫자가 아이들의 숨통을 조이는 악마의 수치가 되었다. 50을 한가운데에 놓고, 그보다 수치가 높아지면 높아질수록 성적우수자라는 사실을 드러내고, 그보다 낮아지면 낮아질수록 열등하다는 사실을 말해주는 편사치는, 1점 단위로 학생들을 구분하는 기능을 하게 되었다.

편사치의 골치 아픈 점은 일반적인 테스트 점수와 달리 테스트할 때마다 큰 변동이 없었고, 어지간히 노력해서는 결코 위로 올라갈 수 없다는 점에 있었다. 1학기 기말시험에서 수학 30점이었던 학생이 "아쉽다! 2학기에는 잘 해야지!"라고 선언하고 계산식을 통째로 달달 외워 시험에 임해 운 좋게 70점을 맞아 "나도 하면 되잖아!"라고 자신감을 얻을 수는 없다는 이야기다. 경쟁하는 모든 사람들 안에서 자신이 어느 위치에 있는지를 냉엄하게 보여주는 수치이며, 심지어 그것이 좀처럼 움직이지 않는 고정된 과학성을 띤 수치라고 한다면, 상황은 심각하다고 할 수 있다. 편사치가 아이들에게 미친 부정적인 각인 효과는 크게 두 가지 있었다.

한 가지는 예를 들어 편사치 62인 아이와 63인 아이가 있다고 쳤을 때, 그 수치가 두 사람으로 하여금 같은 레벨에 있는 학생끼리의 동료의식을 고양시키는 쪽으로 작용한 것이 아니라, 오히려 1점의 차이를 통해, "나는 저 애보다 위", "나는 저 애보다 아래"라는 식으로 의식적으로 상대로부터 자신을 떼어내는 효과를 초래했다는 사실이다. 이리하여 편사치는 다른 아이와 협력해서 뭔가를 하려는 의욕을 없애버리는 존재가 되었다.

두 번째 효과는 아이들에게 부당한 열등의식이나 근거

없는 우월의식을 가져다주었다는 점이다. 예를 들어 가령 32라는 상당히 낮은 수치를 거듭거듭 확인할 수밖에 없었던 남자 아이가 있었다고 치자. 32라는 수치가 머릿속에 눌러붙어 있는 그가 과연 스스로에 대해 자신감을 가질 수 있을까. 그가 "이번엔 열심히 해야지!"라고 의욕을 불태울 수 있을까. 오히려 반대다. "나는 어차피 글러먹었다. 뭘 해도 안 될 게 뻔하다"라고 자신감과 의욕을 잃고 무기력해지거나 자포자기에 빠질 것이다.

우월의식은 그 반대다. 편사치가 높다는 것이 자신의 자질이 얼마나 우수한지를 증명해주는 것으로 납득하고 자기보다 아래에 있는 사람을 아무런 망설임 없이 업신여기게 된다(가와데쇼보신샤河出書房新社『우리 세대 1980년생わが世代·昭和三十五年生まれ』). 이리하여 과거에는 아이들 사이에 존재했던 동료의식이나 연대감이 연기처럼 사라져갔다. 학교생활을 통해 사회력이 배양되는 토양이 해마다 줄어들었던 것이다.

편사치가 학교생활을 석권하게 된 것은 아이들을 엄청나게 변질시켰던 것에 머무르지 않았다. 편사치에 유린당한 아이들을 매일매일 직접 접하는 어른들의 사고, 자신의 아이들을 바라보는 시선도 바꾸어놓게 되었다. 자녀의 중학교 수험에 목숨 걸고 동참했던 여의사 무라사키 후요코村崎芙蓉子 씨는 수험 기록 일지에 이렇게 적고 있다.

"일단 편사치에 의거한 안경을 쓰고 바라보기 시작하면, 더 이상 벗어날 수 없게 된다. 내 아이의 테스트를 본 것에 머무르지 않는 것이다. 아이가 친구들을 화제에 올리면 "그래서, 그 아이의 편사치는?"이라는 식이 되어버린다. ……그 아이의 다정함, 수더분함, 용기, 대담함, 솔직함, 유머, 고집스러움, 올곧음, 소심함, 냉담함, 성급함 등등, 성품이나 개성을 나타내는 단어는 편사치라는 잣대 앞에서 신기하게도 아무런 의미도, 힘도 가지지 않게 되어버린다. 편사치에는 그런 엄청난 공포가 숨겨져 있었다."(무라사키 후요코『무순족의 편사치 일기ヵィヮレ族の偏差値日記』)

자신의 아이나 남의 아이를 바라보는 부모들의 시선이 이렇게 되어버린다면 바야흐로 아이들은 제각각 흩어져버릴 수밖에 없다. 학교생활을 통한 사회력 형성의 가능성은 현저하게 감퇴되었다고 할 수밖에 없다.

4 인간 배제가 진행되는 생활공간

무인화가 진행되는 생활공간

가정이든 지역이든 학교든, 아이들의 주요한 생활공간은 사람과 사람이 교류하고 공동 체험을 하며 서로 협력하는 장과는 상당히 거리가 먼 곳이 되어버렸다. 타자와 상호작용을 하려고 해도 그런 마음은 "지금 바쁘니까", "안 돼! 그럴 시간 있으면 공부해!", "이제 6학년이니까 할 거 많지 않아?" 등 그럴싸한 변명으로 거부되고 있다. 합리화나 효율화를 메인으로 하는 생활환경과 생활양식의 변화는 결과적으로 사람과 사람 사이의 직접적이고 감정이 통하는 감촉이나 누군가와 함께 뭔가를 할 기회와 장을 하염없이 감소시켜왔다고 할 수 있다.

아이들에게는 가정이나 지역이나 학교 이외에 그들이 활기차게 활동할 또 하나의 중요한 장이 있다. 제4의 생활공간이라고 일컬어지는 '거리'다. 그 거리에는 일찍이 골목길이 있었고 공터가 있었고 들판이 있었고 신사의 경내가 있었고 묘지가 있었고 비밀스러운 빈집이 있었다. 거리에 따라서는 강이 흐르거나 높은 나무들로 둘러싼 숲이 있기도 했다. 골목대장이 통솔하는 아이들 떼거지가 저녁 으스름해질 때까지 종횡무진 활개 치던 곳이다. 하지만 그런 장소는 고도경제성장이 본격화된 1965년경부터 도시개발이 진행됨에 따라 점차 사라져 갔고, 대신 무미건조한 오피스빌딩이 출현하거나 고층아파트나 주차장, 때로는 고속도로로 변해갔다. 당연히 아이들은 '출입금지'였다. 활동장소를 잃은 '갱 집단'도 점차 사라져 갔다.

도시화의 진행은 거기서 멈추지 않았다. 합리화, 효율화의 진행은 거리 여기저기로부터 인기척을 없애갔다. 무인화의 진행이다. 심부름을 하러 나간 골목 모퉁이 담배가게로부터 다정했던 할머니가 사라졌다. 대신 거기에 나타난 것은 자동판매기였다. 한밤중 술을 파는 가게에 가도 있는 것은 역시 자동판매기! "참 기특하기도 해라!" 하며 주스를 건네주던 아저씨도 어딘가로 사라졌다. 그리고 역이나 상점, 은행 등도 점점 무인화가 진행되었다. 이젠 정말이지 마음만 먹으면 하루 종일 그 누구와도 아무 말 섞지 않고 지낼 수 있을 정도다. 일찍이 사람들로 북적이던 번화가도, 이젠 기계를 상대로 아무 말 없이 원하는 바를 충족시키고 빠른 발걸음으로 총총히 사라져 가는 사람

들이 서로의 시선을 애써 회피한 채 스쳐지나가는 공간이
되고 말았다.

거리 역시 사람과 사람이 만나 새로운 교류가 시작되는
장소가 더 이상 아니다. 상점가에서 상시적으로 열리는
이벤트 행사도 최근에는 인파가 적어져 기세가 한풀 꺾였
다고 한다. 거리는 바야흐로 사람들의 인간혐오를 더더욱
부추기는 장소가 될 수는 있어도, 더 이상 어린이들이나
젊은이들의 사회력을 신장시키는 장소가 아닌 것이다.

사람들과의 직접적인 관계를 절단하는 정보기기

도시화되는 생활공간 속에서 사람과 사람이 직접 만나
고 관계를 가지는 장과 기회가 점점 줄어들고 있다. 이런
생활공간 속에서 다른 사람과 얼굴을 마주하지 않고 말조
차 섞지 않으며 지내는 사이에, 현대의 어린이들이나 젊은
이들은 다른 사람과 함께하고 농밀한 관계를 가지는 것을
싫어하는 성향이나 취향을 강화시켜가고 있다. 그러면 이
번에는 그런 젊은이들의 취향을 꿰뚫어보듯, 직접 상대방
과 굳이 얼굴을 마주하지 않아도 다른 사람과 커뮤니케이

선을 할 수 있는 다양한 기기들이 개발되고 발매된다. 당연한 일이겠지만 젊은이들은 이런 편리하고 자기들에게 유리한 기기를 구입하고 사용하게 된다. 그리고 이런 편리한 커뮤니케이션 기기를 사용함으로써 젊은이들의 타자와의 직접적 접촉 기회는 더더욱 감소해간다. 이렇게 되면 젊은이들은 한층 이런 소중한 기기에 의존하지 않을 수 없게 되며 더더욱 사용하게 된다. 그리고 이런 악순환이 반복되면 반복될수록 사람과 사람의 직접적인 교류는 더더욱 줄어들 것이다.

이런 순환이 반복되는 과정에서 여태까지 사용해오던 전화 이외에 응답기 전화, 팩스, 삐삐, PHS, 휴대폰, 그리고 컴퓨터 등, 이른바 모바일 기기라고 일컬어지는 커뮤니케이션 기기가 급속도로 젊은이들 사이에 보급되어갔다. 경제기획청이 조사하고 있는 '소비동향조사'에 의하면 1998년도 컴퓨터 보급률은 25%에 달하고 있다. 사용자를 젊은이로 한정하면 아마도 보급률은 그 두 배 이상일 거라고 봐도 무방하다. 또한 최근 고등학생을 대상으로 실시한 조사에 의하면 그들 중 거의 70% 이상이 삐삐나 휴대폰 중 어느 하나, 혹은 양자 모두를 가지고 있다고 답변하고 있다(쓰쿠바筑波대학 교육사회학 연구소 '고등학생 교우관계와 미디어와의 관련성에 관한 조사'). 여기에 전화, 응답기, 팩스, 컴퓨터 이용을 더하면 젊은 세대들의 모바일 기기 사용빈도는 상당히 높아질 것이다. 그만큼 직접적인 접촉이 줄어들고 있다고 볼 수 있다. 이런 모바일 기기는 간접적이라고는 해도 다른 사람과의 커뮤니케이션을 가능하게 하는 기기라는 점에서 그나마 다행이지만, 텔레비전 게임의 경우는 다른 사람과의 접촉을 거의 완벽히 차단시켜버린다. 텔레비전 게임이 어린이들이나 젊은이들에게 얼마만큼이나 보급되고 있는지 정확한 데이터는 구할 수 없지만 적어도 『초등학생 백서小学生白書』(학습연구사学習研究社)에 의하면 초등학생들의 놀이 가운데 가장 많은 것이 텔레비전 게임이라고 한다. 초등학생들이 가장 갖고 싶어 하는 것도 텔레비전 게임의 소프트웨어라고 한다. 젊은이를 포함하여 젊은 세대 상당수가 텔레비전 게임에 상당한 시간을 소비하고 있다고 봐도 큰 오류는 없을 것 같다.

모바일 기기든 텔레비전 게임이든, 사람과 사람 간의 직접적인 접촉을 차단시킨다는 점에 공통점이 있다. 모바일 기기를 매개로 한 타인과의 간접적인 접촉이 사회력 형성에 플러스 요인일지 마이너스 요인일지, 당장은 판단하기 어렵다. 하지만 모바일 기기나 텔레비전 게임이 눈 깜짝할 사이에 보급되어가는 사회적 토양은 결코 사회력 형성에 도움이 되지 않을 것이다.

어딘가에 뿌리내리지 못하는 어른들

도시화한 생활공간이 사람과 사람 사이의 직접적인 관련을 배제하는 방향으로 나아가는 몇 가지 측면을 살펴보았다. 이번 장의 마지막으로 그런 공간 속에서 살아가는 사람들이 어른들을 포함하여 어딘가에 뿌리내리지 못하는 경향이 심해져 간다는 사실에도 주목해보고 싶다. 사람들이 어딘가에 뿌리내리지 못하는 상태가 된다는 것은 자신이 현재 하는 일에 대한 자신감이나 애착, 자신의 직장에 대한 소속감, 자신이 살고 있는 지역에 대한 정주의식, 지인이나 친구들과의 심적 연대, 삶의 목표, 타인에 대한 관심과 공감, 사회에 대한 관심 등을 잃어가며, 자신이나 사회의 장래에 대한 불안을 고조시키면서 그날그날을 어제와 마찬가지로 살아가고 있는 사회적 현상을 가리킨다. 요컨대 사람들이 어딘가에 뿌리내리지 못하는 상태가 되다는 말은 다른 말로 표현하면 사회력을 잃은 상태라고 할 수 있을 것이다. 정처 없이 떠다니는 보트처럼, 지금 존재하는 사회의 그 어디에도 정박하지 못한 채 파도에 휩쓸리며 떠다니는 것처럼 살아가는 사람들이 어린이나 젊은이뿐만 아니라 심지어 성인들 중에도 늘어나고 있다.

무엇을 근거로 그렇게 말하는 것일까. 어떤 데이터에 근거하여 그렇게 간주하는 것일까. 지치지도 않고 반복되는 연예인 스캔들 들춰내기, 선거 때마다 하향곡선의 투표율, 알맹이 없는 프로그램일수록 높은 텔레비전 시청률, 헤어 누드 사진이 많을수록 더 잘 팔리는 주간지, 불황 가운데 언제나 혼잡한 파친코 가게나 회전초밥이나 공항 로비, 가이드라인 법안이나 '도청법'이 국회에 제출되어도 아무런 반응을 보이지 않는 유권자 등등. 상황 증거는 일상적인 생활 장면 곳곳에서 찾아볼 수 있다. 그러면서 결정적인 증거를 잡아내려고 하면……, 어디에도 없다. 모든 것이 상황증거일 뿐이다. 사람들을 꼼짝 못하게 할 정도의 설득력을 가지고 있는 것은 아니다.

하지만 우리들의 감각 어딘가에, 사람들이 확실히 어딘

가에 뿌리내리지 못하고 있다는 실감이 있다. 어쩌면 그것을 가장 민감하게 알아차리고 절망했던 것은 스스로 죽음을 선택한 아이들이었을지도 모른다. 그 가운데 한 사람이었던 시카가와 히로후미鹿川裕史 군은 1986년 2월 이지메를 견디다 못해 자살했다. 그를 그토록 궁지로 내몰았던 이지메가 왜 멈추지 않고 반복된 것일까. 그 이유를 알고 싶어서 시카가와 군과 같은 반이었던 몇 사람을 직접 만나 취재했던 기자 도요다 미쓰루豊田充 씨는 나카노 후지미中野富士見중학교 2학년 A반이, 학교를 둘러싼 성인 사회와 그대로 이어져 있었다는 것, 이것이 바로 이지메가 하염없이 반복된 진정한 이유였다는 사실을 감지했다고 한다. 그렇게 느낀 도요다 기자의 질문에 답하며 그것을 말로 표현한 교육사회학자 모리타 요지森田洋司 씨의 다음과 같은 시각은 핵심을 찌르는 매우 정확한 지적이었다.

"(1985년경부터) 아이들이 타인과 관계를 맺는 방식이 바뀌고 있습니다. 우선 친구 관계를 파악하는 방식이 매우 상황적입니다. 아이들의 발상 자체가 "내일은 내일이지 뭐, 상관없어!"라는 식으로 상황적입니다. 상황 안에서 표류해가지요. 어딘가에 뿌리내리지 못하는 감각이라고 할

까요. 지금 하고 있는 일이 장래로 이어진다거나, 내일을 위해 오늘 열심히 해야 한다거나, 그런 발상은 없습니다. 인간관계도 정말 순간적입니다. ……어른들의 사회를 봐도 그 순간으로만 끝나는 관계일 뿐입니다. 다른 사람을 만나도 다음 날에는 잊어버리고 명함만이 남습니다. 그런 상황에 아이들도 익숙합니다."(도요다 미쓰루 『장례식 놀이 -8년 후의 증언葬式ごっこ―八年後の証言』)

시카가와 군 역시 2학년 A반 친구들이나 교무실에 있었던 선생님이나 지역의 어른들을 그렇게 보고 있었던 게 아닐까. 그렇기 때문에 자신을 괴롭힌 반을 뛰쳐나와 어른들 사회에 도움을 구해도 아무런 해결이 되지 않을 것을 직감하고 "이대로라면 '생지옥'이 되어버릴 거야"라는 유서를 남긴 채 스스로 목숨을 끊었던 것은 아닐까.

어른들에게 사회력이 없는 곳에서, 즉 사회에 뿌리내리지 못한 어른들이, 보다 나은 사회를 운영해가겠다는 책임의식이 없이 사회와의 관계를 회피하려는 곳에서, 아이들의 사회력이 신장될 리 만무하다. 요즘 아이들 사이에 사회력 저하가 발견되었다면 이는 어른들의 사회력 저하의 전철을 그대로 밟은 것이라 해도 무방할 것이다.

제5장 아이들의 사회력을
어떻게 길러줄까

이른 시기부터의 사회력 형성의 소중함

제3장에서는 아이의 사회력이 어떤 메커니즘에 의해 형성되는지를 설명했다. 또한 제4장에서는 1970년대부터 아이의 성장환경이 어떻게 변했는지를 살펴보았다. 사회력 형성에는 다양한 타자와의 상호작용이 지극히 중요하다는 사실을 확인할 수 있었다. 그런데 최근 사회력 형성에 있어서 핵심 역할을 하는 '타자와의 상호작용'이 아이들이 자라는 생활 세계로부터 점점 더 상실되고 있다. 아이를 둘러싼 근년의 환경 변화는 결국 아이들이 다른 사람을 만나 교류하고 함께 땀을 흘릴 수 있는 기회와 장소를 빼앗아 버렸다고 해도 좋을 것이다.

사회력을 형성하는 데 가장 중요한 타자와의 상호관계가 상실된 것이다. 그 결과 아이들의 사회화에 이변이 발생되고 있다면, 우리 어른들이 당장 해야만 할 일이 무엇인지 자연히 명확해질 것이다. 원론적으로는 태어난 직후부터 가능한 한 아이와의 상호작용에 좀 더 노력해야 한다는 것이다. 하지만 이론적으로 그런 사실을 숙지하고 있다 해도, 구체적으로 어떻게 해야 좋을지 모르는 사람들도 많을 것이다. 그래서 이번 장에서는 실제로 행해져 온 몇 가지 사례들을 소개하면서 아이의 사회력을 길러주기 위해 어른들이 해야 할 것이 무엇인지에 대해 고민하고 몇 가지 제안도 해보고자 한다. 그를 위해 우선 지금까지 우리들이 극히 당연하다고 여겨왔던 사고방식의 어디를 어떻게 고쳐야만 하는지에 대해 먼저 생각해보고 싶다.

단, 미리 양해를 구해야 할 것이 있다. 여기서의 소개나 제안은 '아이의 사회력'을 어떻게 길러줄지에 한정되어 있다는 점이다. 제3장에서 살펴본 것처럼 이 책에서 말하는 사회력 형성은 성인기에 들어가서도 지속되고 강화되어야 한다. 따라서 사회력은 성인이 되기 전 최대한 이른 시기에 탄탄하게 신장시켜두는 것이 매우 중요한 일이라고 할 수 있다.

1 '아이를 기른다'는 것은 어떤 의미일까

아이를 기른다는 것

"육아는 너무 힘들다", "육아가 살아가는 이유입니다", "육아를 못하는 어머니가 늘고 있다", "앞으로의 육아는 이렇게 해야 한다!" 등등, 육아라는 단어는 여러 문맥에서 다양한 의미와 감정을 담아 사용되고 있다. '육아' 즉 '아이를 기른다'는 것은, 혹은 '사람을 기른다'는 것은 도대체 어떤 인간적 영위인 걸까.

"건강하고 튼튼한 몸으로 키우려고 단련한다", "장래 일류 대학에 진학할 수 있도록 조기교육을 한다", "예술적 재능을 향상시키기 위해 악기와 그림을 배우게 한다", "글로벌 인재로 만들기 위해 일찍부터 외국어를 가르친다", 혹은 "다른 사람에게 폐를 끼치는 인간이 되지 않도록 엄격한 훈육을 한다", "자유롭고 밝게 살아갈 것을 기대하며 쓸데없는 참견 따위 하지 않고 자기 좋을 대로 해준다" 등등, 우리들은 여러 가지 마음과 기대를 담아 자식을 키우고 있다.

그리고 초등학교에 입학할 무렵이 되어 제각각의 아이들이 가진 개성이나 능력을 조금씩 알 수 있게 되면, 개성이나 능력을 더더욱 신장시키고자 옆에서 도와주고, 혹은 반대로 그것을 교정해주기 위해 이런저런 잔소리를 한다. 물론 개중에는 빨리빨리 기르는 것을 포기하고 뭐든지 아이가 좋다는 것을 시켜주는 경우도 있다. 확실히 육아나 사람을 키우는 영위는 사람에 따라 천차만별이다. 제각각이기는 하지만, 그런 가운데 우리 아이를 사회력 있는 인간으로 기르고자 의도하고 그를 위해 특별한 훈육을 하거나 여러 가지 지도를 해주는 부모나 교육자나 성인들은 많지 않을 것이다.

왜 우리 아이의 사회력을 의도적으로 기르려고 하는 부모나 어른들이 적을까. 추측컨대, 아이는 내버려 두어도 의례 사회적 동물로 자라기 마련이라고 생각하고 있기 때문은 아닐까. 아이들이 선천적으로 사회적 동물이 될 자질을 가지고 있을 거라는 착각이 여전하다는 말이다.

하지만 제3장 4절에서 살펴본 것처럼 그 아이가 자라난 환경이 바람직하지 않거나 사람들과의 접촉이 충분치 않을 경우, 제대로 된 사회생활을 할 수 있는 인간으로 성장하지 못하게 된다. 제대로 된 사회생활을 할 수 있게 된다는 것은 언어를 습득하고 그 의미를 정확하게 이해하며 자유자재로 사용할 수 있게 되고 자기 주변에 있는 사람들이 제각각 어떤 위치에 있으며 어떤 역할을 수행하도록 기대되고 있는지 헤아리면서, 그런 사람들과 적절히 상호작용할 수 있게 된다는 것을 의미한다.

하지만 이런 복잡한 일을 극히 자연스럽게 할 수 있게

되는 것은 쉽지 않은 일일 것이다. 게다가 앞 장에서 살펴본 것처럼 요즘 아이들이 자라는 환경이 현저히 악화되고 있다면 어떠할까. 더더욱 어려울 것이다. 그렇다면 우리 어른들은 주위에 있는 모든 아이들을 사회력 갖춘 인간으로 길러야 한다고 확실히 의도하고 그들과 마주하지 않으면 안 될 것이다. "한자를 읽을 수 있다", "계산을 할 수 있다", "그림을 잘 그린다", "피아노를 잘 칠 수 있다", "학교 성적이 좋다" 등등의 모든 것들은 "사회력 갖춘 인간이 될 수 있다"라는 것과는 그 중요성에서 비교가 되지 않을 것이다. 아이를 기른다는 것은, 아이를 '인간'으로서 키운다는 것은, 우선 사회적 동물로서, 즉 사회력 갖춘 인간으로 성장시키는 것이라는 점을 우리 어른들은 각별히 명심해 둘 필요가 있을 것이다.

'아이를 소중히 한다는 것'의 내실

아이를 기르는 것에 대해서 일본인들이 확고히 가지고 있는 생각이 또 한 가지 있다. 그것은 아이를 소중히 한다는 것의 내실, 그 알맹이다. 일반적으로 아이들을 소중히 한다고 하면 그 아이에게 쓸데없는 고생을 시키지 않는 것을 가리킨다고 생각하는 경향이 있다. 보물처럼 소중히 키운다거나 어딘가에 고이 모셔두고 소중히 키운다거나 '새장 속의 새'처럼 키운다는 표현이 있듯이, 아이들을 소중히 키운다는 것은 기르는 아이에게는 아무 일도 시키지 않고 부모나 주변 어른들이 뭐든지 해주는 것이라고 생각하고 있는 것이다.

이런 사고방식은 외국에서도 일반적일까. 그렇지 않다. 외국의 경우라 해봐야 필자가 직접 알고 있는 것은 서구 선진국들뿐이지만, 아이들을 소중히 한다는 것은 일본과는 완전히 정반대라고 할 수 있다. 서구에서는 그 아이의 연령에 따라 해당 시기별로 할 수 있는 것이라면 뭐든지 체험하게 하는 것이 '아이를 소중히 하는 것'이다. 2세라면 2세 나름대로, 5세가 되었거나 10세가 되었다면 그에 맞게, 할 수 있는 일이나 해야 할 것이 다수 있기 마련이다. 그런 다양한 것들을 최대한 할 수 있도록 해줄 것, 아이 자신에게 체험을 시킬 것, 그것이 가능한 조건을 만들어줄 것, 그렇게 하는 것이 아이를 소중히 한다는 것의 알맹이라고 생각하고 있다.

필자가 아이들을 소중히 하는 것에 대해 일본과 외국 사이에 이처럼 커다란 갭이 존재한다는 사실을 인식하게 된 것은 IPA(후술)라는 단체의 이사를 역임하고 있었을 때의 일이다. 아이들의 놀이나 놀이터의 의의를 널리 전하는 것을 목적으로 한 국제 봉사 단체다. 회장, 부회장, 사무국장, 그리고 각국에서 선출된 5인의 이사, 도합 8명으로 구성된 IPA의 이사회는 해마다 두 번씩 세계 각지에서 열리고 있다. 이사 중 한 사람으로서 아이들의 놀이나 놀이터에 관한 여러 논의에 참가하다 보니 아이들을 소중히 키운다는 것의 이미지나 내용이 일본인들과는 상당히 다르다는 사실을 인지하게 되었다.

그 차이는 앞서 언급한 대로 선진국 사람들의 경우, 해당 연령에서 할 수 있는 일이라면 뭐든지 하도록 시키는 것, 그 아이가 하고 싶다고 말하면 뭐든지, 설령 그것이 위험을 동반한 일이라도 도전하도록 하는 것이 아이들을 소중히 하는 일이라고 생각하고 있으며 실제로 그렇게 하고 있다는 점이다. 바로 그 이유 때문에 선진국 사람들의 눈에는 일본처럼 아이들에게 아무것도 시키지 않고 안전한 곳에 소중히 모셔둔다는 것은 아이들을 더할 나위 없이 학대하고 있는 모습으로 비춰지는 것이다. 내성적인 것을 미덕이라고 판단할지, 능력이 뒤쳐진다고 판단할지의 차이도 그 뿌리는 동일한 곳에 있다고 말할 수 있을 것이다. 문화의 차이라고 말해버리면 그뿐이겠지만, 사회력을갖춘 인간, 다른 인간과 서로 협력하면서 곤경을 극복해갈 수 있는 인간으로 기르기 위해 어느 쪽 방식으로 키워야 할지, 답은 저절로 명확해질 것이다.

'교육'에 의해 아이들은 자라는가

아울러 또 하나 쓴소리를 해두고 싶다. 아이들을 기르는 주역이라 간주되는 '교육'에 대한 착각이다. 세계에서 손꼽히는 교육대국이라 일컬어지는 일본에서는 좋은 의미에서든 나쁜 의미에서든 교육에 대한 기대가 지극히 높다. 여기서 말하는 교육이란 주로 학교에서 행하는 의도적인 교육을 말하는데, 좋은 의도를 가지고 좋은 교육을 하면 뭐든지 잘 될 거라는 착각이 강하다. 일본인이 이렇게 생각하게 된 까닭은 아마도 옛날 옛적부터 인간이 성장하는 것은 배우기 때문이며, 배운다는 것은 이미 지식이나 기술을 습득한 사람으로부터 가르침을 받는 것이며, 가르침을 받는다는 것은 외국의 선진 문화나 기술을 받아들이는 것이었기 때문일 거라고 추측된다. 그런 까닭에 일본인들은 '교육'이야말로 사람을 키우는 것이라고 굳건히 믿고 있는 경향이 없지 않다. 그리고 교육이란 가르치는 것이라는 생각을 도무지 버리지 못한다.

그렇기 때문에 청소년 비행이 늘었다고 하면 학교에서의 도덕 교육 시간을 늘리라고 하고, 이지메나 등교거부 학생이 증가했다고 하면 교사의 능력을 키우라거나 학교 상담사를 늘리라고 하고, 정보화가 도래되었다고 하면 컴퓨터 교육을 의무화하라고 말한다. 하다하다 국제경쟁력을 높이기 위해 창조성을 신장시키라고 하며 교육 규제를 완화하라는 말까지 꺼내게 되었다. 요컨대 사회에 뭔가 부적절한 일이 발생하면 바로 나오는 것이 "교육을 어떻게 해봐!"라는 목소리다. 그만큼 일본인들에게는 교육에 대한 기대감이나 신뢰감이 높다는 말이 된다. 교육 방식만 바꾸면 사람들은 무엇이든 될 수 있고, 인간을 어떻게든 하면 사회의 부적절함도 어떻게든 해결된다는 말이다.

교육에 대한 신뢰감이 높다고 하면 듣기야 그럴싸하지

만, 이런 사고방식은 거꾸로 말하면 교육을 받는 인간을 너무나 얕본 사고방식, 시각이라고도 말할 수 있다. 개인을 조작의 대상으로밖에는 보지 않는다는 말이 되기 때문이다. 어린 아이들은 그 정도로 간단히, 착색 방식에 의해 빨간색이 되거나 파란색이 되거나 하는 동물인 걸까. 담아 놓은 그릇의 형태에 따라 어떤 형태로든 변형 가능한 생명체인 걸까. 물론 대답은 NO다. 오히려 교육이란 사회적 인간으로서 그에 상당한 자질이나 능력이 배양된 단계에서 해야만 효과를 발휘하는 법이다. 사회력의 기초적 자질이 형성되어 있지 않은 인간에게 무리하게 강요해봤자 역효과가 날 뿐이라고 생각하는 편이 낫다.

교육이란 일종의 참견이며 교육을 받는 입장에서는 '쓸데없는 간섭'에 불과한 경우도 있다. 다소 지나친 표현이지만, 적어도 교육하지 않으면 성장하지 않는다고는 결코 말할 수 없다. 실제로 캐나다의 헤어 인디언hare indian 사회에는 영어의 teach(가르치다)에 해당하는 단어가 없다고 한다(하라 히로코原ひろ子『아동 문화인류학子ども文化人類学』). 말이 없다는 것은 '가르치다'란 행위나 영위가 없다는 것을 뜻한다. 하지만 헤어 인디언 사회에도 learn(배우다)이라는 단

어는 있다고 한다. 즉 아이는 배우는 것만으로 충분히 사회생활에 필요한 사항을 익힐 수 있다는 말이다. 아이는 주위에 있는 어른들과 교류하고 행동을 함께함으로써 사회력 갖춘 인간이 되어갈 수 있는 것이다.

선진국에서도 아이가 자라는 원리는 본질적으로 마찬가지다. 교육에서 운운하기 이전에 우리들은 우선 아이가 사회력을 갖춘 인간이 되도록 길러야 한다. 그를 위해 타자와의 상호작용을 다양하게 할 수 있도록 해주고, 타자와 함께 하는 실질적인 체험을 풍요롭게 해줄 필요가 있을 것이다.

2 육아에 임하는 어른들의 책임이란 무엇일까

아이를 기른다는 것이 어떤 것인지에 대해 필자가 생각하는 바를 적어왔다. 아이에게 중요한 것은 읽기나 쓰기를 잘하고, 계산을 빨리 하고, 테스트에서 높은 점수를 얻을 수 있게 되는 것보다, 사회의 다른 사람들과 원만하게 사회생활을 영위할 수 있게 되고, 사회 운영에 적극적으로 관여할 수 있게 되는 것이라고 언급했다. 그를 위해서는 아이의 사회력을 제대로 신장시키는 것이 본인에게나 사회에게 다행스러운 일이며, 인간을 키우는 것의 핵심 내용이라고 파악했다. 그리고 아이를 그렇게 키우기 위해서는 다양한 타인과의 교류나 공동 체험이 중요하다는 점을 거듭 강조해왔다. 그렇다면 그러한 육아를 하기 위해 우리 어른들이 숙지해야 할 점은 무엇일까. 다음 부분에서는 그 점에 대해 생각하는 바를 언급해보고자 한다.

반드시 필요한 아이와의 응답

제3장 2절에서 확인했던 것처럼 아이들은 선천적으로 상당히 고도의 능력을 다양하게 갖춘 상태로 이 세상에 태어난다. 그리고 그런 능력을 온전히 작동시킴으로써 뇌를 성숙시키고 인간으로서의 완성도를 높여간다. 사회력 형성에서도 그 이치는 마찬가지다. 타자와의 상호작용을 위해 준비된 능력, 예를 들어 사람의 얼굴을 분간할 줄 아는 능력이라든가 사람의 목소리나 동작을 모방하는 능력, 사람의 마음을 추측하는 능력 등을 온전히 가동시킴으로써

사회력을 배양해간다는 말이다.

사회력이 형성되는 이치는 그렇다 치고, 아이들이 갖추고 있는 능력이 저절로 작동을 개시하고 지속해가는 것은 아니다. 아이에게 갖춰진 고도의 능력은 환경과의 상호작용에 의해 비로소 '해발되는' 것이기 때문이다. 환경과의 상호작용을 반복함으로써 작동을 지속하고 그 축적으로서 사회력이 형성되어간다. 그때 환경 안에서 중요한 것은, 특히 사회력 형성에 있어서 중요한 것은, 다름 아닌 '인간' 환경이라는 점에 대해서도 이미 설명한 대로다.

그렇다면 아이의 능력이 '인간' 환경과 상호작용을 한다는 것은 무슨 뜻일까. 여태까지의 설명으로 충분히 이해가 될 것으로 생각되지만 다시금 설명해보겠다. 예를 들어 신생아나 영유아기에 있는 아이의 경우, 어머니가 아기를 안아주거나 아기의 뺨을 살짝 만져주거나 말을 걸어주는 등, 주변 어른들이 아이에 대해 뭔가의 작용action을 시도하거나, 혹은 아기가 격하게 울거나 어머니의 얼굴을 보고 방긋 웃거나 '쿠'라든가 '아'라고 말을 걸면서 주위의 누군가에게 뭔가 작용을 시도하는 것이 계기가 되어, 한쪽의 작용에 대해 나머지 한쪽이 반응reaction을 보이는 것이 바로 상호작용이다. 이 경우 한쪽의 작용에 대한 나머지 한쪽의 반응이 적절할adjustive수록 바람직하고, 그럴수록 양자 사이의 상호작용이 더더욱 반복되게 된다.

그런데 이해의 혼란을 피하기 위해 한마디 양해를 구하자면 상호작용과 상호행위는 영어로 말하자면 양자 모두 interaction이라는 말로 거의 동일한 의미로 사용되고 있다. 환경과의 interaction을 말하는 경우에는 상호작용이라는 단어를 쓰고, 인간과의 interaction을 말하는 경우에는 상호행위라고 하고 있을 뿐이다. 물론 학술용어로서 그렇게 정해져 있는 것은 아니다. 그저 필자의 취향이라고 이해해주길 바란다. 사람에 따라서는 환경과의 상호작용도 인간과의 상호행위도 모두 다 상호교섭이라는 말로 표현하는 경우도 있다. 어느 쪽이든 깊이 생각할 정도의 일은 아니다(이를 바탕으로 이 책에서는 가독성을 중시하여 '상호행위'를 '상호작용'으로 통일시켜 번역하였음을 밝힌다-역자 주).

나아가 또 하나 주석을 달아놓자면, 반응과 응답도 영어에서는 모두 행동을 되돌리는 리액션reaction 내지는 리스펀스response를 말하며 어느 쪽을 사용할지도 사람에 따라 제각각인 것 같다. 필자가 '응답'이란 단어를 즐겨 사용하는 것은 응답이라는 말에는 상대의 행위에 응하여 적절한 답을 내는 행위라는 뉘앙스가 포함되어 있다고 생각하기 때문이다. 상대의 의도를 충분히 이해한 후 그 의도에 확실한 답변을 내놓는 것을 의도한 행위, 그것이 응답이라는 것이다. 아이의 사회력을 배양하는 데 가장 중요한 것, 그 것은 그야말로 여기서 말하는 응답이다. 자신이 직접 작용을 시도하든, 아기의 작용에 응하든, 아이와의 적절한 응답을 성실히 지속하는 것, 아이를 인간으로서 기르는 데 결코 빼놓을 수 없는 사항이라고 할 수 있다.

응답하는 것은 어른들의 책임

'응답한다'는 것을 영어에서는 response라고 한다는 것에 대해서는 지금 막 설명했다. 분명 어떤 임무를 의뢰받고, 의뢰받은 그 임무를 끝까지 완수하는 것을 '책임을 다한다'고 말하고 있는데, 그 책임에 해당되는 영어가 responsibility라는 것은 잘 알려져 있다. 물론 response와 responsibility는 어원이 같다. 이것을 육아에 빗대어 표현해보자면, 아이의 작용에 제대로 응답하는 것, 그것이야말로 어른들의 책임이라는 말이 된다. 아이가 이쪽에 보여주는 행위의 의도를 민감하게 알아차리고 그에 따라 적절한 행위를 되돌려줄response 수 있는 능력ability을 갖추고 있는 것, 그것이 육아와 관련된 성인들의 책임이라는 것이다. 약간 말장난 같은 느낌이 없지 않지만, 말의 표현이 실로 걸작이라는 생각도 든다. 육아를 하는 어른들이 해야 할 일은 성실히 아이들과 관계하고 적절한 반응을 반복해 줄 것, 바꿔 말하자면 아이와 지속적으로 상호작용해야 한다는 것이다.

아이와 적절한 응답을 반복해야 한다고 언급했는데, 그점에 대해 지나치게 어렵게 생각할 필요는 없다. 적절한 응답이 아이의 질문에 꼭 정확하게 답변해야 한다는 말은 아니며, 엄하게 훈육해야 한다는 말도 아니다. 육아를 한다고 하면 특별히 신경을 써서 훈육을 아주 혹독하게 한다거나, 아이의 재능을 신장시키는 특별한 훈련을 하는 거라는 이미지를 가진 사람이 많은 것 같다. 하지만 새삼스럽게 뭔가를 의도적으로 할 것까지는 없다. 그저 아이들과 상호작용을 잘 해주면 된다. 아기가 웃으면 "어머나, 이쁘기도 해라!" 하고 말을 건네주면 된다. 아기가 무언가

를 향해 손을 내밀면 "이건 말이지, 귤이란다. 이게 먹고
싶은 거니?"라고 말하며 손에 쥐어주면 된다. 물론 아이가
어른을 향해 "이게 뭐야?"라고 물을 수 있는 연령이 되면
그 질문에 대해 이해하기 쉽게 답변해주는 것도 적절한 응
답이다.

　요컨대 여기서 말하는 '적절한 응답'이란 아이들의 행위
를 포함한 의도에 부합되는 반응을 시간을 끌지 말고 즉시
해주는 것이며, 그것이 맞는지 틀리는지는 또 다른 문제
다. 예를 들어 아이가 칭얼거리며 보채면 그 원인을 재빨
리 알아차리고 문제를 해소해줄 것, 그런 것을 상황에 따
라 적절히 잘 대응해줄 것, 그렇게 하는 것이 적절한 반응
이라는 것이 된다. 그렇게 하지 않는 것, 즉 아이가 보채고
있는데도 "뭐야, 또야?"라고 내팽개쳐 두거나, 아이가 기
분이 좋아 옹알이를 하고 있는데도 아무 말도 건네주지 않
은 채 그대로 방치해두는 것은 적절히 응답하고 있지 않은
것이 된다. 텔레비전한테 아이를 봐달라고 하는 것은 그
야말로 언어도단, 아이와의 응답을 방기한 전형이라고 해
야 마땅할 것이다.

　여기서 다시금 제3장 1절에서 설명했던 것을 상기해주

길 바란다. 아이는 수반성 탐지능력이라는 고도의 능력을 태어난 직후부터 발휘하고 있다. 환경으로부터 받은 자극에 대해 어떤 행위를 함으로써 반응하고, 자신의 반응에 대해 환경으로부터 어떤 반응이 나올지 끝까지 주시한다. 그리고 그런 상호작용을 반복하면서 환경에 대한 자기 나름대로의 가설을 세우고 그 가설을 자신이 어떤 행위를 시도함으로써 검증하고 그렇게 함으로써 외계에 대한 인식을 심화시켜간다는 고도의 능력이다. 제2장 4절에서 상세히 언급했던 것처럼, 사회력의 근원에 있는 것은 정확한 타자인식이다. 타자로부터의 반응 없이 타자에 대한 인식이 심화될 리 만무하다. 사회력 형성에 있어서 어른들의 응답이 얼마나 중요한지를 반드시 재확인해주시길 바란다.

3 가정과 지역에서의 어른들의 책임

아이들에 대한 응답의 필요성

아이의 사회력을 배양시키기 위해서는 타자와의 상호 작용이 지극히 중요하다는 사실을 강조해왔다. 아이가 타자와 상호작용을 시작할 때 그 상대가 되는 타자란 우선은 어머니나 아버지를 비롯한 그 아이 주변 어른들이다. 그렇다면 아이의 상호작용을 성공적으로 이끌어내기 위해 아이의 상대가 되는 어른들의 책임이 중요해진다. 이 경우 어른들의 책임이란 아이들의 행위에 재깍재깍 응답하는 것이라고 파악했다. 육아와 관련된 어른들의 책임이란 아이와 제대로 마주하고 아이가 어른을 향해 시도해오는 여러 행위들에 대해 성실히 응답하는 것이다. 물론 어른이 그렇게 해야만 하는 것은 갓 태어난 아기나 유치원에 다니기 시작한 유아들에 대해서만이 아니다. 상대가 중학생, 고등학생, 대학생이라도 상황은 마찬가지다. 성장 과정에 있는 후속 세대에 대한 어른들의 책임이란, 무엇보다 그들의 언동에 대해 성실히 응답해주는 것이라고 할 수 있다. 선행 세대인 어른들이 후속 세대에 대해 적절한 응답을 계속해줌으로써 그들은 사회력을 갖춘 늠름한 성인으로 성장해갈 수 있을 것이다.

　그런데 지금 어른들이 아이들과 관계하는 방식을 살펴보면, 이런 책임을 다하고 있다고는 도저히 말할 수 없는 상황에 있다. 제4장에서 살펴본 것처럼 가정이나 지역, 학교나 거리에서, 아이들이 타자와, 특히 어른들과 상호작용을 할 수 있는 기회나 장소는 점차 사라지고 있었다. 이 상태로는 안 된다. 아이들이나 젊은이를 사회력 갖춘 제대로 된 인간으로 길러내기 위해 어른들은 자신의 책임을 끝까지 다해야 할 것이다. 그를 위해 어른들이 지금 깊이 고민해야 할 것은 무엇일까. 우리들의 생활태도나 일상생활의 어디를 어떻게 바꿔야만 할까. 우선 가장 중요하다고 생각되는 세 가지에 대해 제안해두고 싶다.

아버지의 생활태도를 바꾼다

　우선 가장 먼저 제안하고 싶은 것은 생활태도를 바꾸는 것이다. 특히 일에 푹 빠져 있는 회사형 인간, 혹은 기업 전사로 불리는 아버지들의 생활태도나 라이프 스타일을 바꿔야만 한다. 일본에서 일하는 남성의 연간 노동 시간은 아직도 2,000시간에 가깝다. 독일이나 미국 등 선진국들과 비교해보면 300시간에서 400시간 정도 많다. 일본의 아버지들의 연간노동시간이 많은 것은 주 5일 근무제나 유급 휴가 취득이 아직 철저하지 못한 점, 여름휴가 등 장기 휴가를 쓸 수 없는 점 등이 그 이유라고 할 수 있다. 하지만 이유야 어쨌든, 그만큼 집에서 가족들과 함께 지내는 시간이 적다는 것을 의미하고 있다. 유감스럽게도 그와 함께 일본에서는 출퇴근 시간에 많은 시간을 허비한다거나 수년에 걸친 아버지의 '나 홀로 타지 근무' 등의 케이스도 적지 않아서, 결국 아버지가 가족들과 지내는 시간이 현저히 줄어들게 된다. 당연히 아버지가 아이들과 함께 이야기를 하거나 뭔가를 할 시간도 줄어든다.

여기서 조사 데이터 하나를 제시하고자 한다. 표 2는 총무청 청소년 대책본부가 1986년 실시한『일본의 아버지와 어린이 -미국·서독과의 비교』라는 조사보고서의 인용이다. 이것을 보면 일본의 아버지가 자신의 자녀와 접촉하는 빈도가 미국이나 서독에 비해 훨씬 적다는 것이 일목요연하다. '함께 이야기를 나눈다'에 대한 빈도도 물론 가장

표 2 아버지와 아이의 접촉 행위 빈도(일본 · 미국 · 서독 비교)　(%)

	함께 이야기를 나눈다			아이 공부를 봐준다		
	일본	미국	서독	일본	미국	서독
거의 매일	54.4	87.0	66.3	2.7	12.2	11.8
일주일 중 3, 4회	13.8	6.0	18.1	2.4	10.3	13.4
일주일 중 1, 2회	10.9	4.1	12.5	8.4	24.0	24.1
한 달에 1, 2회	3.5	0.3	1.2	5.7	13.6	9.4
가끔씩	15.6	1.5	1.5	38.6	28.6	24.8
전혀 없다	1.0	—	0.1	40.7	10.8	15.8

	함께 운동하거나 산책한다			함께 청소나 DIY 등 집안일을 한다		
	일본	미국	서독	일본	미국	서독
거의 매일	1.4	7.7	3.9	1.3	9.2	2.9
일주일 중 3, 4회	1.9	11.5	5.6	0.9	9.2	7.1
일주일 중 1, 2회	9.9	37.3	30.8	6.3	34.6	24.3
한 달에 1, 2회	12.2	22.8	26.5	10.4	20.6	16.1
가끔씩	45.4	17.8	23.8	42.9	22.0	30.0
전혀 없다	27.9	2.5	8.5	37.2	4.4	18.7

(출전) 총무청 청소년 대책본부 『일본의 아버지와 어린이』 1987년

적지만, 그것은 그나마 봐줄 만하다. '아이 공부를 봐준다'나 '함께 운동하거나 산책한다', '함께 청소나 목공 DIY 등 집안일을 한다' 등의 항목들은 그 차이가 너무나 역력하다.

이 조사의 대상자가 된 아버지들이 초등학생 고학년부터 중학생들까지의 아버지라는 점을 생각해보면, 일본의

아버지들이 자녀들과 함께 지내는 시간을 얼마나 등한시하고 있는지 알 수 있다. 참고로 이 보고서는 아버지가 가족과 어딘가에 나가서 시간을 보내는 것보다 집에 있으면서 아이들과 뭔가를 함께 한다거나, 근처 사람들과 교류하며 뭔가를 하는 것이 아이들의 사회적 성숙도를 높이는 것과 가장 밀접한 관련이 있다는 점을 지적하고 있다. 아버지와의 상호작용이 아이들의 성숙에 엄청난 역할을 하고 있음을 보여주는 자료다.

이런 데이터를 볼 것도 없이 아버지가 아이들과 성실히 마주하고 세상 돌아가는 일에 대해 차분히 서로 이야기를 나누거나, 농사일을 함께 하거나, 정원 잔디 깎기를 함께 하거나, 함께 땀을 흘린다거나, 여름방학 숙제를 도와주거나, 고민 상담에 성실히 임해주는 일들이 자녀들의 성장에 얼마나 소중한 일인지는 충분히 짐작할 수 있다. 급속히 진행되고 있는 저출산 고령화 사회에 대한 대응이나 남녀평등의 사회참여 실현을 위해, 너무 일에만 치중하고 있는 남성들의 삶의 방식을 크게 바꿀 필요가 있다는 의견들이 봇물처럼 터져 나오고 있다. 아이들의 사회력을 충분히 발달시키기 위해서라도 그야말로 옳은 말들이다.

아버지가 기존의 생활태도를 바꾸는 것, 특히 일을 중시하고 가정이나 지역을 경시하는 가치관이나 라이프 스타일을 바꾸는 것, 그리고 아버지가 집안이나 지역에서 아이들과 함께 시간을 보냄으로써 기쁨을 느끼게 되는 것, 그것이 아이들 내면에 장래 어른으로서 사회를 만들고 사회를 운영해가기 위해 필요한 자질과 능력을 배양하기 위해 가장 효과적이라는 사실을 이해해주길 바란다.

아이와 함께 하는 것을 기쁨으로 삼는다

앞으로의 육아를 어떻게 할 것인가에 대해 생각할 때 사고방식을 크게 바꾸지 않으면 안 될 것이 또 한 가지 있다. 그것은 남자가 육아에 관여하는 것은 한심스러운 일이라거나 부끄러운 일이라는 시각이나 사고방식을 바꾸는 일이다. 옛날 무사들 사이에서 육아란 사내의 중요한 임무라는 생각이 있었고 실제로 그렇게 행하고 있었다는 기록도 있다(오타 모토코太田素子『에도의 부모 자식江戸の親子』). 남자가 육아에 관여하는 것을 부끄러운 일로 보기 시작했던 것은 아마도 메이지 시대(1868~1912년) 이후의 일로 생각된다.

유교적 가족관이 바탕에 있었으며 선진국들을 따라잡는 것이 지상과제였던 메이지 시대 이후, 남자는 집 밖에서 최선을 다해 일에 몰두하고 국가의 부를 늘리며 때로는 병사가 되어 전쟁에 참여하고 국가의 영토를 넓히는 일에 전념해야 된다고 계속 장려된 결과, 여자가 할 육아에 정력을 쏟는 사내는 가치 없는 존재라고 간주되었던 것이다.

　제2차 세계대전에서 패하고 국력이 크게 손상된 전후가 되면, 이번엔 국력 회복이라는 새로운 향상을 위해 어쩔 수 없이 일하고 또 일하며 오로지 일에만 매진하게 되어, 육아란 남자와 무관한 일이라는 사고가 그대로 온존된 채 오늘에 이르고 있다. 이런 사고가 지배적이라면 육아에 관여하는 아버지가 적을 뿐 아니라, 육아를 즐기거나 육아에서 기쁨을 찾는 아버지가 늘지 않는 것도 무리는 아니다. 그 점을 나타내는 또 하나의 데이터를 소개하겠다. 역시 총무청 청소년 대책본부가 1994년 실시한 '아이와 가정에 관한 국제 비교조사'의 결과다. 여기에서는 육아가 즐겁다고 말한 아버지가 미국의 경우 63%, 한국에서는 50%에 이르고 있는 반면, 일본의 아버지의 경우 겨우 18%에 머물고 있다.

남자가 육아에 관여하는 것이 부끄러운 일이라는 사고가 당연시되고 있는 것이다. 육아가 즐거운 일이라고 생각하는 아버지가 적은 것이 현 상황이라면 아이들과 적극적으로 관계를 만들어가려는 아버지가 그다지 나오지 않는 것도 당연할 것이다. 그렇다고 해서 현 상태에 안주할 수는 없다. 그렇기 때문에 더더욱 당사자들인 아버지는 물론, 일본인 전체가 종래의 사고방식을 전환하여 육아에 관여하는 것도 아버지의 소중한 임무라고 생각하고, 그렇게 하는 것을 아버지 자신이 기쁨으로 삼을 정도까지 나아갈 필요가 있다.

여가는 자연스럽게 만들어지지 않는 법이다. 오히려 자신이 직접 머리를 짜내서 만들어내야 한다는 이야기가 자주 거론되고 있다. 아버지들이 자기변혁을 이루고, 일 이외에 쓸 수 있는 시간을 최대한 많이 적극적으로 만들어내고, 그 대부분을 자신의 자녀들이나 지역 아이들과 함께 지낼 시간으로 활용하길 바란다. 그리고 그렇게 하는 것이 스스로의 즐거움이자 기쁨이기도 하다는 아버지가 늘기를 기대하고 싶다. 아버지들이 그렇게 변신할 때 아이들의 육아에서 보이는 오늘날의 부정적인 상황이 크게 개선될 것임에 틀림없다.

학교와 지역에 적극적으로 관여한다

아이들 내면에 확고한 사회력을 배양시켜주기 위해서
는 아버지의 변신이 필요하다는 사실을 언급했다. 일만
이 아니라 가정이나 지역도 소중히 하는 인간으로의 전환
과 육아에서 기쁨을 찾는 인간으로의 변신이다. 이 두 가
지 외에 또 하나 덧붙이고 싶다. 그것은 아버지뿐만 아니
라 지역 주민 모두가 학교교육이나 지역 활동에 적극적으
로 관여해야 한다는 제안이다.

학교는 원래 지역주민의 공유재산이라는 성격을 지니
고 있다. 메이지 시대가 시작될 때 학제 발포와 함께 전
국 각지에서 만들어진 학교의 대부분은 지역 주민들이 건
축 자금을 마련해서 만들었던 것이었으며, 교원 채용이나
학교 유지관리에도 깊이 관여하고 있었다. 시대가 지나면
서 학교가 점차 주민들로부터 멀어져가는 경향이 있었다
고는 해도 고도경제성장이 시작되기 전, 경험주의적 교육
이 장려되고 있었을 무렵까지 학교란 여전히 지역의 공유

물로 존재하고 있었다. 입학식이나 졸업식 등의 식전이나 운동회나 학예회 등의 행사란 고스란히 그대로 지역의 식전이자 행사였고 학교의 교사들도 학교 근처에 살며 일상적으로 지역 주민들과 교류를 가지고 있었다.

그런 학교가 주민들로부터 완전히 멀어져 그 벽을 높여 갔던 것은 역시 고도경제성장이 시작되고 상급 학교로의 진학 경쟁이 격화될 무렵부터였다. 학교 주변에서 거주하는 교사들이 거의 없어졌고 수업과 행사에 주민들이 협력하고 참가하려고 해도 이런저런 이유로 거절당할 뿐만 아니라 오히려 경원시된다. 학교에 협력하는 것이 본래의 목적일 학부모 단체마저도 학교를 위해 뭔가 하려고 하면 교장 등에 의해 쓸데없는 참견이라는 식으로 제지당하는 형국이다. 주민들이 학교와 관계를 가질 여지는 거의 없어졌다.

그런데 최근 상황이 바뀌고 있다. 학교폭력이나 이지메, 등교거부 등 학교만으로는 해결할 수 없는 문제들이 산적된 상태가 되면서 학교와 가정과 지역의 연계나 융합이 거론되기 시작했다. 상황은 더더욱 구체적이 되어 주민들이 학교평가원으로서 학교 운영에 관여하는 제도가 확립되었고 주민 참여와 협력 없이는 성립되지 않는 종합 학습이 2002년부터 시행되게 되었다. 이런 시대적 추세는 주민들이 학교를 포함한 지역 활동에 적극적으로 관여하고 지역을 무대로 아이들과 함께 다양한 활동을 시작할 절호의 찬스다.

이런 활동은 예를 들어 치바千葉 현 나라시노習志野 시 아키쓰秋津 지역 등 이미 아버지들을 중심으로 학교와 지역 활동을 연계하는 시도로 시작되고 있으며 다양한 성과를 올리고 있다(기시 유지岸裕司 『학교를 기지로 '아버지의' 지역 만들기学校を基地に「お父さんの」まちづくり』). 지역의 특성을 살린 다양한 활동이 다채로운 아이디어와 함께 전국 각지에서 전개될 것을 기대한다.

4 지역의 아이를 지역에서 기른다

왜 지역사회인가

아이들의 사회력을 길러주기 위해서는 어떻게 해야 할까. 사회력을 형성하는 아이들 입장에서 보자면 어느 시기든 타자와의 상호작용이 무엇보다 중요하다는 점을 강조해왔다. 물론 제3장 3절에서 설명한 것처럼 사회력이 형성되는 과정에는 몇 가지 단계가 있어서 아이들이 아직 자신의 발로 걸을 수 없거나 걸어봐야 집 안이나 집 주변 정도일 경우라면, 아이들과 상호작용하는 것은 당연히 어머니나 아버지 등 아이 주변에 있는 가족이 될 것이다. 아이의 사회력이 형성되는 중요한 장은 집안이라는 말이 된다. 좀 더 커서 보육원이나 유치원에 다니게 되거나, 혹은 아이의 생활권이 더더욱 넓어져 초등학교에 다니게 되면 아이들의 생활권은 대부분 지역사회 전역에 이른다. 그리고 아이의 사회력 형성의 장 역시 가정으로부터 지역사회로 이동하게 된다.

이렇게 설명하면 많은 사람들이 사회력이 형성되는 장소로 학교를 놓치고 있지 않느냐고 반문하지 않을까 싶다. 그리고 학교에는 많은 선생님들이 계시고 무엇보다 몇백 명, 몇천 명이나 되는 아이들도 있어서 학교에서의 인간관계는 아이의 사회력 형성에 크게 도움을 줄 거라고 주장할 것이다. 물론 선생님이나 반 친구들이나 상급생 및 하급생 등, 학교에서 만나는 많은 사람들과의 상호작용이 사회력 형성을 촉진시킬 것임은 분명한 일이다. 하지만 그렇다고 학령기 아이들의 사회력 형성의 주요 무대가 학교라는 것은 결코 맞지 않은 말이다. 이 시기의 아이들에게 그들의 사회력을 길러주는 가장 중요한 장은 지역사회다. 어째서일까. 이유는 두 가지 있다.

첫 번째 이유는 지역은 아이들에게 전全 생활영역이기 때문이다. 거기에는 많은 집들이 있고 여러 상점들이 있으며 공장, 역, 우체국, 공원, 아동관, 하천, 수풀 등이 있기 때문에 공간으로서의 다양성은 학교에 비할 바가 아니다. 아이들에게는 학교 역시 지역사회 안에 있는 하나의 장소일 뿐이다. 이런 지역사회의 형태를 만드는 여러 장소는 그 나름대로 의미를 가진 공간일 뿐만 아니라, 그곳은 아이들이 많은 사람들을 만날 수 있고 다양한 체험을 할 수 있는 장이기도 하다. 다양한 타자와의 교류의 장으로서도, 다양한 경험을 할 수 있는 장으로서도, 지역사회는 학교와 비교할 수 없을 정도로 가능성이 풍요로운 장이다.

두 번째 이유는 지역사회에는 다채로운 사람들이 살고 있기 때문이다. 학교에 있는 것은 아동 혹은 학생이라 일컬어지는 동질적인 사람들뿐이지만, 지역사회에는 고령자도 있는가 하면 유아도 있고 남자도 있으며 여자도 있다. 일을 하고 있는 사람들만 봐도 경찰관, 역무원, 야채가게 아주머니, 생선가게 아저씨, 관청 직원, 병원 간호사 등등, 그 다채로움은 학교에 비할 바가 아니다. 이렇게 설명하면 학령기 이후의 아이들을 위한 사회력 형성의 장이 지역사회 외에는 있을 수 없다는 점을 납득할 수 있을 것이다.

지역의 교육력이란 무엇일까

이지메니 등교거부니 학교폭력이니, 학교에 여러 가지 병리 현상이 발생하고 학교만으로는 그러한 문제들의 해결이 어렵다고 간주될 무렵부터 학교와 가정과 지역의 연계가 거론되면서 지역의 교육력을 높일 필요성이 언급되었다. 지역의 교육력이란 무엇일까. 지역의 교육력을 높이기 위해 구체적으로 무엇을 어떻게 해야 할까.

이 문제에 대한 올바른 답변은 무엇일까. 예를 들어 다음과 같은 것들이 있을 수 있다. "지역의 어른들이 지역에서 부적절한 행위를 하는 아이 누구누구에게 주의를 주며 타일렀다", "지역 번화가를 순회하여 비행청소년들의 보충지도에 임했다", "아이들에게 나쁜 영향을 주는 간판이나 가게를 철거하도록 한다" 혹은 "지역 아이들을 위해 이벤트나 스포츠 대회를 개최하여 즐겁게 해준다", "아이들과 함께 거리 청소를 하거나 화단 정리를 한다." 이와 같은 설명이 가능하다.

지역 어른들이 아이들에게 무관심하지 않다는 사실이나 아이들을 위해 뭔가를 해주는 것은, 그 반대의 경우보다 훨씬 바람직한 일임에 틀림없다. 하지만 실제로 아이들을 위해 뭔가를 하는 사람들에게 그로 인해 아이들의 무엇을 어떻게 바꾸려고 하느냐고 물어보면, 아마도 제대로 된 답변은 돌아오지 않을 것이다. 그들은 아이들 입장에서 좋을 거라고 생각하는 것을 호의나 선의를 가지고 해줄 뿐이며, 그 자체에 의의를 인정하고 있는 것이지, 그렇게 하는 것이 아이들의 무엇을 어떻게 바꿀 수 있는지에 대해서는 신경 쓰지 않는 사람들이 대부분이기 때문이다.

다시 물어보자. 지역의 교육력이란 무엇일까. 필자의 답변은 분명하다. "지역의 교육력을 높인다는 것은 아이들의 사회력을 형성하고 강화한다는 것이다." 혹은 이렇게도 말할 수 있을 것이다. "아이의 사회력을 배양하는 데 지역만큼 적합한 곳은 없다."

필자가 그렇게 말하는 이유는 이미 추측할 수 있을 것이다. 앞서 설명한 대로 지역에는 다채로운 사람들이 다수 살고 있기 때문이며, 그들과 만나 교류하고 함께 체험할 장소 역시 다수 존재하기 때문이다. 지역사회 안에서 다양한 위치에 있는 사람들과 다양한 기회에 다양한 장소에서 상호작용함으로써 아이들의 사회력은 비약적으로 신장될 터이다. 미처 생각지도 못했던 탁월한 조건을 갖춘 지역을 아이들을 위해 활용하지 않을 수 없다.

아이들을 위한 지역 만들기

지역의 교육력이란 지역에 사는 다양한 사람들과 아이들과의 교류나 공동체험을 활성화시켜 아이들의 사회력을 높이는 것이라고 파악했다. 이런 주장에 납득할 수 있다면 나머지는 아이들의 사회력을 높이기 위해 지역에 사는 다수의 주민들을 동원하여 다양한 지역 활동을 전개하고, 거기에 아이들을 끌어들여 어른들과의 교류를 활성화시키기만 하면 된다. 그런 방향으로 지역사회를 바꿀 것,

그것이 '아이들을 위한 지역 만들기'다. 이 경우 지역 만들기에는 하드웨어적인 면과 소프트웨어적인 두 가지 방식이 있다. 각각에 대해 구체적으로 설명해보겠다.

우선 하드웨어에 대해서다. 아동관이나 청소년센터, 체육관 등의 시설을 만들거나 캠프장, 아동공원, 놀이터 등 아이들이 활동할 수 있는 장을 준비하는 등의 방식을 말한다. 여기서 예로 열거한 시설이나 장소는 주로 아이들이 이용하는 곳이다. 지역 어른들과 아이들의 공동 이용을 목적으로 한 것이 아니기 때문에 사회력 형성을 위해서는 다소 맞지 않을지도 모른다. 하지만 이런 시설이나 장소도 이용 방식에 따라 어른들과 아이들의 교류에도 사용할 수 있기 때문에 결코 가치가 없는 것은 아니다.

다음으로 소프트웨어 쪽의 경우 만들어놓은 여러 시설(이 경우 결코 청소년 대상 시설만으로 한정하는 것은 아니다)의 이용 방식에 다양한 아이디어를 내는 것을 말한다. 지역에 대해 고민하는 스터디를 기획하거나, 각종 이벤트를 기획하고 실행하여 주민들에 대한 서비스 요원을 늘리거나, 어린이회 활동의 리더를 양성하거나, 주민에 의한 기획운영위원회를 조직하거나, 주민활동 관련 예산을 늘리거나, 다양한 지역 활동이나 봉사 활동의 틀을 마련하거나, 지역에서 어른들과 아이들이 만나 교류하고 공동 체험할 수 있는 기회를 많이 만들어 그 효과를 높일 방법 등을 생각해내는 것이다.

이렇게 지역 아이들이 가능한 한 많이 지역 어른들과 상호작용할 수 있도록 하드웨어 · 소프트웨어 양 측면에서 지혜를 짜내고 지역을 바꿔갈 것, 그렇게 하는 것이 아이들을 위한 지역 만들기다. 만약 이런 것들을 목적으로 한 지역 만들기를 순탄하게 진행하여 실제로 아이들과 어른들의 상호작용이 활발히 진행된다면 아이들의 사회력은 확실히 높아질 것이다.

CCC 운동의 시도

이상으로 아이들을 위한 지역 만들기 관련 구체적인 안과 그 의의를 설명해왔다. 이런 제안은 이미 1983년부터 3년간에 걸쳐 총리대신부 소관 재단 법인 '내일의 일본을 만드는 협회'에 의해 CCC 운동(정식으로는 '아동 · 청소년의 건전한 발달촉진 모델 지역육성사업')으로 시도된 적이 있다.

CCC란 Create the Community for Children의 앞문자를 딴 약칭인데, 이 운동은 지역사회를 아이들의 건전한 발달을 촉진시키는 장소로 탈바꿈시킬 목적으로 이와테岩手 현 센마야초千厩町 고나시小梨 지역, 도쿄 세타가야世田谷 구 다이시도太子堂 지역, 마찬가지로 도쿄 히가시구루메東久留米 시 다키야마滝山 지역 등 세 곳을 모델 지역으로 실시된 활동이다.

센마야초 고나시 지역에서는 어른들과 아이들 공동으로 캠프장에서의 핸드메이드 활동, 세타가야 구 다이시도에서는 플레이파크 만들기. 히가시구루메 시 다키야마 지역에서는 놀이터 만들기를 메인으로 한 활동이었다. 각각의 활동 내용은 상이했지만, 활동에 참가한 아이들 입장에서 이런 체험이 이후의 성장과정에 긍정적인 영향을 끼칠 것임에 틀림없었다. 이 사업의 인연으로 센마야초의 부모들과 세타가야 구 다이시도의 부모들이 방학을 이용하여 교대로 상대방 측에서 홈스테이를 시작했는데, '도시 아이와 시골 아이의 상호 교환 교류'는 지금까지도 여전히 계속되고 있다. 이런 사실이 본 사업의 의의를 무엇보다도 잘 나타내고 있을 것이다. 또한 이 사업의 성과를 바탕으로 '내일의 일본을 만드는 협회'는 아이들을 위한 지역 만들기 노하우를 『핸드북 아이들을 위한 지역 만들기』로 간행하고 있다. 이 책에는 CCC 운동의 중앙위원으로 참가했던 필자도 집필에 참가하고 있는데, 말 그대로 아이들을 위한 지역 만들기에 도움이 될 지혜나 아이디어가 188쪽에 걸쳐 빼곡히 수록되어 있다. 많은 참고가 되길 바란다.

필자는 이런 사고에 바탕을 둔 지역 만들기 제안을 몇 개의 지자체나 조직에서 해오고 있는데 그중 하나가 도쿄에서 제안한 '도쿄 다람쥐 · 호랑이 계획'이다(도쿄 생활문화국 '제21기 도쿄 청소년 문제 협의회 회답'). '다람쥐'는 아이를, '호랑이'는 어른, 특히 아버지를 연상시키는 명칭인데, 추측하시는 대로 지역에서 성인들과 아이들이 하나가 되어 지역 활동을 전개하자는 제안이다.

일본어로 다람쥐와 호랑이를 뜻하는 '리스·토라'는 re-structuring이라는 영어의 약자이기도 하다. 기업에서는 조직 개편이나 인원 삭감이라는 의미로 사용되고 있다. '도쿄 리스 · 토라 계획'이라는 명칭에는 이런 '개편'이라는 의도도 포함되어 있다. 단 이런 것들은 긍정적인 의미에서의 개편이다. 어른들의 입장이나 비즈니스 측면이 우선

하는 지역사회를, 거기에서 나고 자란 아이들의 성장이라는 측면에서 바람직한 지역사회로, 하드웨어·소프트웨어 양 측면에서 개편해간다는 의미다. 지역 어른들이 진정성을 가지고 지역의 아이들을 사회력 갖춘 늠름한 사회인으로 기르고자 생각했다면, 그 방식은 실로 다양할 것이다. 반드시 실천에 옮기길 바란다.

LINEL Plan의 제안

지역의 아이들을 장래에 '지역 만들기'나 '사회 만들기'에 공헌할 수 있는 사회력 갖춘 인간으로 길러내기 위한 지역 활동은 아이디어에 따라 좀 더 다양해질 수 있다. 필자는 재단법인 '내일의 일본을 만드는 협회'의 '고향 가꾸기 상'의 중앙심의위원 중 한 사람으로 활동하고 있다. 응모된 지역 만들기 활동만 봐도 분명 전국 각지에서 행해지고 있는 지역 활동은 다채롭다. 그 때문에 가령 어떤 지역에서 새로운 활동을 시작하려고 결심한 어른들이 전국 각지에서 진행되고 있는 활동 사례들을 모아 그중 몇 가지만이라도 그대로 실행에 옮긴다면 매년, 아니 매월이라도 새로운 활동을 계속할 수 있을 것이다. 지역의 특성 등과 무관하게 생각해낸 것을 그저 계속 실행에 옮기기만 하는 지역이라도, 일절 하지 않는 편에 비하면 훨씬 바람직할 것이다.

하지만 그런 활동에는 다음과 같은 두 가지 결점이 있다. 한 가지는 활동이 지역의 특성이나 지역의 과제와 연계되어 있지 않다는 점이며, 나머지 하나는 활동 내용에 지속성이 없어서 활동을 계속 바꾸려고 해도 바꿀 필연성이 없다는 점이다. 지역 활동은 역시 지역의 특성이나 지역의 과제 등에 바탕을 두는 편이 바람직하다. 또한 단편적인 활동이 아니라 지속적이고 발전성 있는 활동이 바람직하다. 그렇다면 이런 활동은 어떻게 해야 가능해질까. 필자가 이전부터 제안하고 적극 추천해왔던 것이 바로 라이넬 플랜LINEL Plan이란 것이다(『사회교육』 1992년 2월호).

라이넬 플랜이란 영어의 Life Need Learning Plan을 축약한 것으로 양쪽 모두 필자가 만든 용어다. 지금 일본 각지에서 활발히 거론되고 있는 평생교육이란 Life Long Learning의 일본어 번역으로 알려져 있다. 바야흐로 100세 시대다. 기술혁신도 해마다, 아니 매 순간마다 빨라지고 있다. 그 때문에 배워야 할 것이 학교에서의 공부만으로는 부족하게 되었다. 때문에 평생에 걸쳐life-long 공부하자는 것이 일반적으로 거론되고 있는 평생교육의 주된 요지다.

이에 반해 필자가 제창하고 있는 라이넬 플랜은 학습이란 본시 좀 더 주체적인 것이어야 한다는 생각에서 나온 것이다. "자신이 보다 잘 살아가기 위해 필요하기 때문에 life-need 배운다", "자신의 현재의 생활을 좀 더 나은 것으로 개선해갈 필요가 있기 때문에life-need 배운다"는 것이어야 한다는 메시지를 담은, 학습 방식에 관한 새로운 제안이다. 요컨대 학습이란 개인적으로 하는 것이든 몇 사람이 뭉쳐서 같이 하는 것이든, 심심풀이나 자기만족이 아니라 개인의 절실한 욕구나 일상생활에서 안고 있는 많은 문제점, 지역에서 실현해야 할 과제들에 대해 확실한 '대답을 내놓는' 것을 목적으로 해야 한다는 것이다. 그리고 지역에서의 활동도 이런 사고방식이나 학습을 바탕으로 이루어져야 한다는 것이 필자의 제안이다. 이 점을 지역 활동에 입각해 좀 더 구체적으로 설명해보겠다.

LINEL Plan의 실천 사례

  예를 들어 어떤 시가 있다고 하자. 그 시에는 녹지나 공원이 적다는 고민이 있다. 그런데 시의 중심부를 하천이 흐르고 있고 거의 손을 쓸 수 없는 상태에 있다. 그렇다면 하천 주변을 정비하여 녹지나 공원으로 활용하면 좋지 않을까. 이렇게 하천 주변을 녹지 공원으로 한다는 지역 과제가 발견된 것이 된다(제1단계).

  그렇다면 이 과제를 실현하기 위해 어떻게 하면 좋을까. 자연 파괴로 이어지지 않을지, 하천 주변에 서식하는 생명체에 영향은 없을지, 하천이 범람했을 경우에는 어떻게 될지, 공원화한다면 어떤 설계로 할지……. 이렇게 예산 이외에도 생각해야 할 것들이 적지 않다. 그저 행정 측에만 미루지 말고 자신들끼리 정보를 모으거나 조사해가며 생각해보자. 거기서 여러 가지 것들을 학습할 필요성이 대두된다(제2단계).

  어떤 식으로 학습할까. "공원이니까 아이들의 의견이나 아이디어도 도입하자", "법률과 얽혀버릴 일도 많을 테니 관청 직원도 집어넣자", "아예 국회의원도 같이 공부하자", "가능하면 우리들끼리 설계까지 해보자", "아는 건축

가에게 도움을 청해보자" 등등 방법은 다양하다. 이렇게 아이들을 포함하여 공원 만들기의 실현을 위해 공동학습이 개시된다(제3단계).

그리고 마지막으로 실현을 위해 직접 땀을 흘리게 되는데, 이런 형태의 학습이나 활동이 이른바 라이넬 플랜LI-NEL Plan에 바탕을 둔 지역 활동이다.

문부성도 1999년 4월 평생학습심의회 답변을 총괄하여 그 가운데 '평생학습에 의한 지역 만들기'를 제창하고 있다. "지역 재생, 지역사회 활성화 그 자체가 문제가 되고 있는 상황이기 때문에 평생 학습에 의해서만 가장 적절히 지역사회 활성화가 실현된다면 한걸음 더 나아가 평생학습의 진흥에 의해 평생학습의 성과를 살림으로써 지역사회 활성화, 지역 만들기를 추진해가는 일에 적극적으로 임할 필요가 있다"고 언급했던 것이다. 필자가 라이넬 플랜을 제안한지 거의 10년 만에 문부성도 마침내 사고방식을 바꾸고 한 걸음 더 나아간 것일까.

필자가 직접 관계한 것은 아니지만 필자가 말하는 라이넬 플랜과 거의 비슷한 일을 1980년대부터 실행해온 주민단체가 있다. 내일의 일본을 만드는 협회가 표창하는 '고향 가꾸기 상'의 1998년도 내각총리 대신상을 수상한 이바라키茨城 현의 히타치日立 시의 '하나야마塙山 학구 살기 좋은 거리를 만드는 회'(후루카와 미노루古川稔 회장)가 그것이다. 처음에는 여름방학에 지역 아이들을 위한 여름 마쓰리(sun-son 마쓰리)를 하는 것에서 시작되었다고 하는데, 주민들이 모여 활동을 이어가다가 아이들을 포함한 주민 전체가 깨끗하고 살기 좋은 커뮤니티 만들기를 목표로 하게 되었다. 주민의식조사를 수차례 실시하고 그를 바탕으로 지역 만들기의 장기계획인 '하나야마 커뮤니티플랜·sun-son 계획'을 입안하여 현재 55개의 사업 계획을 세워 매일매일 실행하고 있다.

젊은 어머니의 육아 지원, 크리스마스 선물을 배달하는 산타 택배, 화단 정비와 꽃 손질, 쓰레기장의 공원화 개조, 커뮤니티 센터의 개설, 쓰레기 분리수거의 실현, 독거노인을 위한 배식, 프리마켓 '얼간이 벼룩시장' 등등, 활동은 유아부터 고령자까지 말 그대로 전 주민을 아우른 다채로운 내용이다.

경비도 한 집당 500엔의 회비와 원칙적 실비제로 꾸려나가고 있다. 주민들이 마음만 먹으면 뭐든지 실현시킬 수 있다는 것을 증명한 것이기도 했다. 활동 개시로부터 지금까지, 항상 지역 과제를 정확하게 파악하고 필요한 공부나 의논, 일상적인 활동을 통해 과제들을 착실히 실현시켜온 실적이 실로 대단했다.

하지만 수많은 지역 활동 단체 가운데 이 모임을 가장 빛나게 하고 있는 것은 "커뮤니티 활동은 다음 세대를 담당할 아이들을 어떻게 기를 것인지의 문제이기도 하다"는 생각이 명확히 자리 잡고 있어서 "아이들과 어른들이 동일한 체험을 통해 자주성이나 배려의 마음을 지닌 하나야마의 아이들을 길러갈 것이 최선의 청소년 육성 활동이다"(내일의 일본을 만드는 협회 편『고향 만들기 1998ふるさとづくり'98』)라는 신념에 바탕을 두고 항상 아이들과 함께하는 활동이 되도록 배려해왔다는 점이다.

아이의 사회력은 훈육이나 교육에 의해 심어지는 것이 아니다. 오히려 지역 안에서 어른들과 아이들의 공동체험을 통해 거듭되는 '다양한 타자와의 상호작용' 과정 속에서 길러져 가는 것이라는 점을 다시금 강조해두고 싶다.

5 지역 활동의 거점으로서의 모험 놀이터

앞 절에서 언급했던 것처럼 지역에는 다양한 시설 및 장소가 있다. 그 모든 것들이 아이디어에 따라서는 지역 활동의 장으로 활용될 수 있다. 하지만 도시화된 사회에서는 대부분이 특정한 목적으로 만들어지고 있다. 예를 들어 역은 사람들이나 물건을 운송하는 기관의 거점이며, 공장은 물건을 생산하는 시설이다. 그 때문에 아이들의 눈높이에서 보면 역이나 공장이나 박물관 등은 흥미진진한 장소이자 최고의 놀이터가 될 수 있다. 하지만 제각각 특정한 목적을 가지고 있기 때문에 아이들의 출입이 용이하지 않다. 가령 괴짜 어른이 있어서 그곳을 아이들을 위해 개방해주려고 해도 실현 가능성은 적다. 만약 그것이 가능하다고 해도 예외적인 조치일 뿐이며, 막상 사용하려 하면 이런 저런 단서가 붙을 것이고, 사전에 각종 신청서를 제출해야 하는 등 특별한 준비가 필요해지는 것이 보통이다. 시설만이 아니다. 이제는 거리 어딘가에서 공터를 발견했다 해도 소유자나 관리자의 허가 없이 출입도 불가능한 실정이다.

아이의 성장 환경으로서의 지역사회가 이처럼 되어버린 오늘날, 아이들에게 필요한 것은 신청서 제출이나 사전 준비 따위 필요 없이, 아이들이 마음먹었을 때 거기에 가면 언제라도 누군가와 만날 수 있고, 하고 싶은 게 있다면 거기서 바로 할 수 있는 장소다. 그런 장소가 지역 안에, 게다가 아이들이 걸어서 갈 수 있는 거리 안에 있다면 아이들 입장에서 지역사회란 크게 그 의미가 변할 것이다. 아이들의 일상적인 행동 역시 크게 변할 것이다. 또한 어른들이 시도하는 지역 활동도 질적으로 매우 향상될 것이다.

그런 마법의 지팡이 같은 장소가 있을까. 완전무결하다고는 할 수 없지만 그에 가까운 장소는 있다. '모험 놀이터'라 일컬어지는 놀이터가 그것이다. 그렇다면 모험 놀이터란 어떤 곳일까. 일본에 그런 장소가 있을까. 그것이 있다면 아이들이나 지역은 어떻게 변할까. 이 책의 마지막에서는 모험 놀이터의 가능성에 대해 이야기하고자 한다.

모험 놀이터와의 만남

필자가 하고 있는 봉사활동 중 하나라는 사정으로 지금까지 모험 놀이터와의 개인적인 관련성에 대해 책으로 정리하거나 논문을 쓰지는 않았다. 하지만 필자와 모험 놀이터와의 인연은 제법 오래되었다. 그만큼 쓰고 싶은 내용도 말하고 싶은 바도 많다. 하지만 지금은 때가 아니다. 극히 간단히 필자와 모험 놀이터와의 만남에 대해 쓰는 선에서 그치고자 한다.

필자가 모험 놀이터와 인연을 맺게 된 계기는 1975년 국제적 봉사 조직인 '국제 놀이터 협회International Playground Association(통칭 IPA)'의 제6회 세계대회에 출석하고 나서부터다. IPA의 정식 명칭은 현재 개칭되어 '아이의 놀 권리를 위한 국제협회International Play Association'인데 이 대목의 경위는 큰 줄거리에서 벗어나기 때문에 생략하겠다. 그로부터 과거로 거슬러 올라가 3, 4년 전부터 필자는 니혼케이자이日本経済신문사에서 일하면서 1971년 통산성通産省 소관으로 설립된 재단법인 여가개발센터에서 아이들의 놀이에 관한 조사를 실시하거나 일본 레크리에이션 협회가 발행하고 있던 잡지『레크리에이션リクレーショ

ン』의 편집을 도와주고 있었다. 그런 것들이 인연이 되어 당시 IPA 단체회원이었던 일본 레크리에이션 협회로부터 IPA 세계대회에 출석해보지 않겠느냐는 제안을 받았다. 때마침 좋은 기회다 싶어 출석해보기로 했는데, 솔직히 그 때까지 모험 놀이터에 대해 충분한 지식을 가지고 있었던 것은 아니다. 오무라 겐이치大村虔一 부부에 의해 번역되고 출판된 영국의 앨런 허트우드경 부인Lady Allen of Hurt-wood의 『도시의 놀이터』와 훗날 IPA 회장이 되는 스웨덴의 A. 뱅상Arvid Bengtsson 씨의 『새로운 놀이터』를 읽은 정도다.

이탈리아 밀라노 시에 있는 보코니대학에서 열린 IPA 제6회 세계대회의 통일 테마는 '모험 놀이터와 아이들의 창조성'이었다. 대회가 열렸던 중간의 일주일간, 유럽에서 참가한 플레이 리더라는 전문직 관련자들의 보고를 계속 들었다. 물론 도중에 안내를 받아 밀라노 시 모험 놀이터를 몇 군데 견학하기도 했다. 이렇게 모험 놀이터에 관심을 가지게 되어 대회가 끝난 후에는 곧바로 귀국하지 않고 스위스, 독일, 네덜란드, 벨기에, 프랑스, 그리고 영국 등 대회를 통해 알게 된 사람들을 차례로 방문하여 각국의 모험 놀이터를 살펴보았다. 최근의 아이들 상황과 비교하면 상대적으로 훨씬 좋았다고 말할 수밖에 없지만, 당시 이미 아이들이 잘 놀지 않게 되었다거나 무기력해졌다는 목소리가 커지고 있을 때였다. 그런 상황이기도 해서 유럽 각지의 모험 놀이터를 둘러보면서 그 의의를 인정하기 시작하고 "일본에서도 이런 놀이터를 늘려야만 하는데……"라는 마음을 품고 귀국했다.

그로부터 3년 후 제7회 세계대회가 캐나다의 수도 오타와 시에서 열렸다. 일본 레크리에이션협회에서 보내는 파견은 폐지된 상태였다. 그렇다고 이런 중대한 의의가 있는 대회에 일본인이 아무도 참가하지 않는 것은 너무 한심스러웠다. 그렇게 의욕에 불타 일본에서 온 단 한 사람의 참가자일지도 모른다는 생각을 가지고 자비로 참가하기로 했다. 대회장인 칼턴대학에 도착하여 접수 절차를 밟고 있는데 "당신은 미스터 오무라와 같은 방입니다"라는 것이다. 일본인이 또 한 사람 참가하고 있었던 것이다. 그 사람이야말로 일본에 있는 '모험 놀이터 탄생의 아버지' 도시설계가 오무라 겐이치 씨(현 도호쿠東北대학 공학부 교수)였다.

같은 방에 머무르게 되어 이런저런 이야기를 나누었다.

놀랍게도 오무라 씨는 전후戰後 코어 커리큘럼 운동이 왕성했을 무렵 필자가 다니던 대학의 지도교수였고, '전후 사회과 탄생의 아버지' 같은 존재 중 한 사람이던 바바 시로馬場四郎 씨와 함께 전국 각지에서 코어 커리큘럼 수업을 지도하던 오무라 사카에大村栄 씨의 장남이었다. 이런 인연이 있다니. 두말할 것도 없이 귀국하면 곧장 일본에서도 모험 놀이터를 만들고 IPA 일본지부를 조직하자는 의견이 모아졌다. 이후 1990년에 IPA의 제11회 세계대회를 도쿄에서 개최할 때까지 오무라 씨와 2인 3각으로 활동을 계속하게 되었다.

모험 놀이터는 어떤 장소인가

너무 길어져 버렸지만 이야기를 원래로 되돌리자. 우선 모험 놀이터 그 자체에 대한 이야기다.

모험 놀이터가 지구상에서 처음으로 모습을 드러낸 것은 1943년 덴마크의 수도 코펜하겐 교외에서였다. 새로운 놀이터를 고안한 사람은 덴마크의 정원 조성가 쇠렌센 Søren Carl Theodor Marius Sørensen 씨였다. 우연히 건축 현장을 지나가다가 그곳에서 놀고 있던 아이들의 모습을 발견한 그는, 아이들의 놀이터란 본래 아이들이 자유롭게 형태를 바꿀 수 있는, 변환이 자유자재인 공간이어야 한다고 생각하게 되었다. 그리하여 직접 설계하고 만든 것이 코펜하겐 교외의 '엔드라프 모험 놀이터'였다.

덴마크에 새로운 놀이터가 생겼다는 이야기를 들은 사람 중에 영국의 앨런 허트우드경 부인이 있었다. 이전부터 아이들 복지 향상에 기여하고 있었으며 아이들의 놀이터에 대해서도 관심을 가지고 책을 쓴 적도 있었던 부인은 제2차 세계대전이 끝나자 바로 엔드라프를 방문했다. 그곳에서 본 놀이터야말로 아이들에게 꼭 필요하다고 실감한 부인은 영국으로 돌아가자마자 본국에서의 모험 놀이터 만들기에 심혈을 기울이는 동시에 그것을 세계에 널리 전할 수 있도록 다양한 활동을 개시했다. 이렇게 해서 최전성기에는 영국 국내에만 400곳의 모험 놀이터가 만들어졌다.

앨런 허트우드경 부인의 주장에 동조하는 형태로, 모험 놀이터는 스웨덴, 독일, 오스트리아, 아울러 프랑스, 이탈리아, 미국, 캐나다 등으로 보급되어갔다. 구미 국가들

그림 14 코펜하겐 교외(덴마크)의 모험 놀이터
(Arvid Bengtsson, *Adventure Playgrounds, 1972*)

그림 15 런던 시내(영국)의 모험 놀이터
(Lady Allen of Hurtwood, *Planning For Play, 1968*)

이 대부분이긴 했지만 모험 놀이터가 각국에 상당히 퍼져 가고 있던 1959년, UN에서 '아동의 권리선언'이 채택되게 되었다. 아동의 권리선언 제7조에는 교육권과 함께 '놀면서 배울 수 있는 권리'도 명기되어 있었다. 교육권의 실현에 대해서는 국가 및 여타 조직들이나 단체들이 움직이겠지만 놀 권리는 누가 보장해줄까. 우리들이 할 수밖에 없다. 그렇게 생각한 앨런 허트우드경 부인과 각국에서 아이들의 놀이에 관여하고 있던 사람들 총 17명이 모여 국제적인 조직을 세우게 되었다. 그것이 바로 IPA다. 그리고 지금은 북미, 남미, 아시아, 오세아니아를 포함한 30개국, 도합 2,000명 정도의 회원을 자랑하는 국제 봉사조직으로 성장하고 있다.

그렇다면 모험 놀이터란 어떤 곳일까. 런던 놀이터 협회가 발행하고 있는 선전용 팸플릿이 간단히 요점을 정리하여 설명하고 있기 때문에 그것을 인용하겠다.

"모험 놀이터는 비좁아진 도시공간에서는 불가능한 수많은 것들을 자유롭게 할 수 있는 장소라고 설명하는 것이 가장 이해하기 쉬울 것이다. 넓이는 3분의 1 에이커에서 3 에이커(1에이커=약 4,050㎡)까지 다양하다. 폐자재를 이용해

오두막이나 아이들이 올라갈 수 있는 탑을 만들거나 모닥불을 피우거나 요리를 하거나 굴을 파거나 야채를 재배하거나 동물을 기르거나 모래나 물 또는 점토로 놀 수 있다. 분위기는 자유롭고 관대하다. ……

모험 놀이터에는 반드시 상주하는 플레이 리더가 있다. 그들은 아이들의 친구이자 아이들이 하고 싶어 하는 것들을 능숙하게 도와주고 그것을 실현시켜주는 사람들이다. 또한 모험 놀이터에는 부설 건물이 있다. 거기에는 플레이 리더의 사무실뿐만 아니라 다양한 공작도구나 그림 도구, 연극 의상이나 장난감, 게임이나 책이나 레코드, 악기 등이 갖추어져 있고 그것들을 가지고 놀 수 있는 공간도 있다. ……"

요컨대 모험 놀이터란 "아이의 신체나 욕구, 행동은 발달 단계에 따라 계속 변하기 마련이고, 또한 같은 연령이라도 아이에 따라 서로 이질적인 법이다. 그 때문에 모든 아이의 그 어떤 욕구에도 응할 수 있다. 아이의 욕구를 환기시키는 다양한 자극이 존재하는 환경이야말로 아이의 발달에 바람직하다"라는 철학에 근거하여 만들어진 장소라는 것이다.

여러 아이들의 현 상황을 정확히 판단하면서 각각의 아이들의 발달을 돕는 전문 직업인 '플레이 리더'가 상주하고 있는 것도 모험 놀이터의 특징이다. 플레이 리더는 서구 여러 국가들에서는 학교 선생님과 마찬가지로 지방공무원으로 일하는 전문 직업인이다. 물론 교사가 그런 것처럼 대학의 전문 과정에서 그를 위한 전문적 교육을 받는다. 단, 대학에서의 수업연한이나 커리큘럼 등은 나라나 대학에 따라 다양하다. 예를 들어 덴마크의 경우 수업연한은 3년, 교육학이나 심리학, 사회학이나 사회의료학 등의 학과 과목을 배우는 것 이외에, 음악이나 연극이나 화법, 회화나 공예 실기, 게다가 구조법이나 실용법규, 그리고 놀이터나 청소년 시설 등에서의 합계 750시간 정도의 실습이 더해져서, 연간 총 900시간 정도로 과정을 이수하게 된다. 유감스럽게도 일본에 있는 대학에 플레이 리더를 양성하는 전문 과정은 아직 없다.

그런데 플레이 리더의 역할은 그저 아이들의 놀이나 활동을 지원하는 것만이 아니다. 아이들의 좋은 말상대가 되어주고, 때로는 고민 상담에도 응한다. 그리고 놀이터에서 다양한 이벤트를 하며 아이들을 지역의 어른들과 서로 만나게 해주는 역할도 한다. 이런 사람들이 아이들 가까이에 항상 있는 것이 아이 입장에서 얼마나 든든하고 믿음직한 일일까. 모험 놀이터는 도회지 안의 더럽고 잡다한 공간이 결코 아니다.

하네기 플레이파크의 존재가치

일본에서 모험 놀이터라고 일컬어지는 놀이터가 있다는 것이 알려져 실험적으로 개설된 것은 오일 쇼크로 인해 경제의 고도성장에 그늘이 보이기 시작했던 1970년 중반 무렵부터의 일이다. 1974년 8월부터 10월까지의 2개월 간, 매주 일요일 오전 9시부터 오후 3시까지, 사가佐賀 현 가라쓰唐津 시에서 가라쓰청년회의소가 '모험촌'으로 오픈했던 것이 일본 최초의 시도였다. 이후 1980년에 걸쳐 아오모리青森 시, 요코하마横浜 시, 다카라즈카宝塚 시, 후쿠오카福岡 현 무나카타초宗像町 등 열 곳 정도에서 실험적으로 개설되었다. 그중 특히 주목할 만한 곳은 뭐니 뭐니 해도 도쿄 세타가야 구에 개설된 하네기 플레이파크다.

1979년은 국제아동의 해였다. 세타가야 구가 국제아동

그림 16 도쿄 세타가야 구내에 있는 모험 놀이터

의 해를 기념하는 사업으로 개설한 것이 하네기 플레이파크다. 주민들이나 아이들에게 끼친 임팩트는 대단해서 이후 오늘날까지 이어지고 있다. 세타가야 구에는 그 후 세타가야 플레이파크나 코마자와하랏파 플레이파크가 개설되었고 지금 또 하나 가라스야마 플레이파크가 오픈을 기다리고 있다. 세타가야 구에서 모험 놀이터가 확대되고 있는 이유는 행정 측의 깊은 이해가 있는 것은 물론, 주민들이나 아이들의 평가가 높기 때문이다.

하네기 플레이파크가 개설된 지 20년, 마침내 모험 놀이터가 세타가야 구 이외에도 개설되게 되었다. 감도가 둔했던 교육관계자나 일반 주민들도 마침내 그 의의를 인정하지 않을 수 없게 되었다는 말일 것이다. 제15기 중앙교육심의회가 답신 안에서 플레이파크의 의의에 대해 언급했고, 이어 1999년 어린이의 날에 아사히신문이 '모험 놀이터를 확대하자'라는 사설을 게재했던 것도 그런 표출의 하나라고 볼 수 있다.

모험 놀이터가 인지되어 전국적으로 확대되는 경향을 보이기 시작할 정도가 된 최대의 이유는 아이들이나 아이들을 둘러싼 상황이 점점 더 악화되고 있다는 사회적 배경도 있겠지만, 하네기 플레이파크가 주민들에게 지지를 받으며 계속 존재해왔고, 아이들의 인간적인 성장에 긍정적인 영향을 끼쳐왔다는 점에 있을 것이다. 아이들 입장에서의 존재 가치를 다시금 정리하자면 다음과 같은 세 가지가 될 것이다.

(1)아이들로 하여금 다양한 어른들과 만나게 해주고 그들과 상호작용할 수 있는 기회를 준 것.

(2)아이들에게 다양한 체험을 시켜줌으로써 몸으로 배울 수 있는 장을 준비해준 것.

(3)놀이터에서의 아이와 아이, 아이와 어른, 어른과 어른의 만남이 지역에서의 새로운 활동을 창출해내는 계기를 만들었던 것.

하네기 플레이파크 자체의 존재 가치는 그 외에도 다양하다. 예를 들어 주민들이 주체가 되어 운영하고 실적을 쌓아 결국 주민들에 대한 행정 측의 인식을 바꾼 것이라든가, 주민과 행정의 협조 방식에 새로운 형태를 만들었던 것 등이다. 하지만 아이의 사회력 형성이라는 관점에서

본다면 그런 의의는 앞서 언급한 세 가지가 될 것이다. 많은 어른들이 모험 놀이터가 아이들에게 가져다주는 다양한 가치를 인식하고 각각의 지역에서 모험 놀이터 개설을 위해 활동을 개시할 것을 기대하고 싶다.

지역에 모험 놀이터가 있다는 것

모험 놀이터는 어떤 경위로 만들어져 세계로 확대되어 갔을까. 모험 놀이터란 어떤 장소일까. 일본에서의 모험 놀이터 만들기 현황은 어떠한가. 일본에서의 상설 모험 놀이터의 선구적 존재인 도쿄 세타가야 구의 하네기 플레이 파크의 존재 가치는 무엇일까. 이런 문제들에 대해 다소 빠른 걸음으로 언급해왔다. 마지막으로 이런 장소가 '지역에 있다'는 것은 어떤 것인지에 대해 생각해보고 싶다.

모험 놀이터는 언뜻 보면 더러운 폐자재 등이 여기저기 널브러져 있고 매우 어수선하다. 정형화된 일본 정원이 취향에 맞는 일본인의 미의식과는 일단 어울리지 않은 공간이라 할 수 있을 것이다. 또한 모험 놀이터는 말 그대로 '위험'한 장소이기도 하다. 쇠붙이를 사용하고, 불을 피우고, 높은 나무에 올라간다. 부상당할 가능성은 늘 존재한다. 까딱하면 생명이 위태로울 수도 있다. 애지중지 키우는 것이 아이들을 소중히 기르는 거라고 생각하고 있는 대부분의 일본인에게는 경원시될 부류의 장소다. 그럼에도 불구하고 세타가야 구의 주민들이 이런 장소를 굳이 만들고 유지하고자 한 것은 어떤 이유에서일까. 어려운 재정 상황에서 매년 적지 않은 예산을 쥐어짜내 플레이 리더라는, 언뜻 보기에 아이들을 과잉보호하는 듯한 사람을 채용하여 사고가 일어날 경우의 대응에 항상 촉각을 곤두세우며, 적지 않은 주민들의 민원에 골치아파하면서도 모험 놀이터를 만들고 유지하고자 하는 것은 어째서일까.

수많은 모험을 감수하더라도 굳이 모험 놀이터를 만들고 유지하는 지역에는 다른 지역에는 없는 '특별한 뭔가'가 있다고 생각하는 것이 타당할 것이다. 그렇다면 다른 지역에는 없는 특별한 뭔가는 무엇일까. 그것은 아마도 그곳에 사는 부모들 대부분의 "우리 아이를 잘 키우고 싶다!"라는 뜨겁고 진지한 마음일 것이다. 나아가 지역의 아이들은 지역에서 기르겠다는 자세일 것이며, 자신이 사는 지역을 보다 향상시키고자 하는 마음일 것이다. 궁극적으로는 지역 주민 안에 제4장 2절에서 언급했던 '커뮤니티 의식'이 강하게 존재한다는 의미다.

반복하면 지역의 어른들에게 자신들의 지역에 대한 애착이 있고 영주의식이 있으며, 지역에 대한 공헌의식, 지역 만들기에 대한 참가의식이 있다는 말이다. 지역에 모험 놀이터가 있다는 것은 단순히 아이들을 위한 특이한 놀이 공간이 있다는 것에 그치지 않는다. 지역의 어른들에게 지역을 보다 개선하고 더더욱 활성화하고자 하는 지향이 있음을 암시하기 마련이다. 그렇기 때문에 수많은 희생을 감내하고 굳이 부담을 떠안으면서도 모험 놀이터를 만들고 유지해갈 수 있었던 것이다.

아이들 입장에서 보자면 이런 지역이야말로 참으로 다행스럽다. 커뮤니티 의식이 있고 그에 바탕을 둔 어른들의 활동이 지역 만들기로 이어지기 때문이다. 그런 어른들의 활동 안으로 아이들이 편입되며 아이들의 사회력은 훌륭하게 성장할 거라고 단언할 수 있다.

최근 전혀 수습되지 않은 아이들의 병리 현상에 초조해지며 부모는 자신의 아이를 제대로 훈육하라거나, 학교에서의 도덕 교육에 좀 더 진력하라는 따위의 말들이 힘을 얻고 있는 듯하다. 심지어 의무교육이 해야 할 역할은 아이를 한 사람의 당당한 사회인으로 기르는 것에 있기 때문에, 필요에 따라서는 싫다는 학생을 완력으로 눌러서라도 기초적인 힘을 키워줘야 한다는 의견도 있다. 또한 그렇기 때문에 부모든 지역이든 교사에게 협력하라는 따위의 언설이 강력히 주장되며 많은 지지를 얻고 있는 것 같다. 하지만 이 책에서 누누이 설명해왔듯이 아이의 사회력은 그런 것으로 쉽사리 키워지지 않는다. 아이의 사회력은 살아가는 것에 대한 어른들의 긍정적인 자세와 그로 인해 발산되는 강한 커뮤니티 의식, 거기에 뿌리내린 어른들의 다양한 지역 만들기 활동 속에서 길러진다. 그 한가운데로 아이를 데려와 거듭되는 어른들과 아이들의 상호작용 과정 속에서 더더욱 사회력을 강화시켜가야 할 것이다.

그리고 그것은 상당히 기나긴 과정이기 마련이다. 그렇다면 아이들의 사회력을 제대로 길러줄 수 있는지의 여부는 어른들이 아이들과 성실히 마주하고 그런 긴 과정을 오랫동안 함께 해줄 수 있는가에 달려 있다고 할 수 있다. 저 너머 인류 사회가 조우할 미래 사회를 바라보며, 다음 시대를 짊어질 젊은 세대의 사회력을 신장시키는 것이야말로 더할 나위 없이 소중한 일이라는 점을 깊이 헤아리고, 그에 철저히 임할 각오를 해주길 바란다. 어른들의 삶의 자세나 생활 태도, 라이프 스타일을 크게 전환할 필요가 있다고 파악한 이유이기도 하다. 많은 분들의 이해를 얻을 수 있도록 기원하고 싶다.

후기

어느 대학에서든 그렇게 하고 있겠지만, 필자가 근무하고 있는 대학에서도 정년을 맞이한 선생님이 학기말에 마지막 강의를 하는 것이 거의 정례화되어 있다. 자신이 말하는 것보다 타인의 말을 듣는 쪽을 좋아하는 필자는 전공을 불문하고 가능한 한 최종 강의를 듣고 있다. 1998년도 마지막에는 인간학부의 동료였던 고바야시 시게오小林重夫 교수의 최종 강의가 있었다. 오랜 세월 '행동요법에 의한 자폐아동 치료'를 연구해오신 선생님이다. 강의 도중 선생님은 이런 흥미로운 말씀을 하셨다.

"전철을 타고 있으면 노약자 보호석에 앉아 두 다리를 한껏 벌리고 자는 척하고 있는 젊은이들을 자주 발견합니다. 그런 젊은이를 보고 어른들은 '요즘 젊은 것들은 도무지 사회성이 없어!'라고 말하는데, 그렇지 않습니다. 그런 젊은이들은 사회성이 있기 때문에 자는 척을 할 수 있는 것입니다. 그렇지 않습니까? 그는 노약자 보호석에는 노인이나 장애인만 앉아야 한다는 것을 알고 있고, 때문에 노인이나 장애인이 있으면 자리를 양보해야 한다는 것도 알고 있습니다. 하지만 지금 당장 눈앞에 서 있는 노인에게 자리를 양보하기 싫은 거지요. 그렇다면 모른 체하는 것밖에는 방법이 없고, 결국 자는 척하는 것이 최고일 거라고 생각했을 겁니다. 이 정도의 생각을 머릿속에서 굴릴 수 있다는 것은 상당히 사회성이 있다는 증거입니다. 자폐아동은 눈앞에 누가 오든 개의치 않고 눈을 크게 뜬 채 앉아 있습니다."

아이들이나 젊은이들의 사회성이나 사회력 등에 대해 이런 저런 생각을 하고 있던 필자에게는 이 이야기가 생각지도 못했던 좋은 힌트가 되었다. '과연 사회성을 그런 식으로도 생각할 수 있구나.' 어설프게 도덕성이나 사회규범과 중첩시켜 생각하고 있었기 때문에 자신의 머릿속에도 애매모호해져 있었다. 결국 그것을 '사회성'이라 부를 수 있는지에 대해 결단을 내릴 수 없었던 것이다. 사회성이란 요컨대 사회 안에서 능숙하게 만사를 헤쳐 나가는 기술이라는 말이다. 그렇다면 성생활 상품을 파는 가게에 가는 것이나 원조교제를 하는 것, 교묘한 구실을 만들어 부모한테 돈을 달라고 졸라대는 것, 이런 저런 말로 자신의 잘못을 남의 잘못으로 바꿔버리는 것, 혹은 다른 사람과의 관계를 회피하고 자신의 두터운 껍데기 안에 틀어박혀 살아가는 것, 이런 모든 것들도 현대 사회에 적응하는 새로운 '형태'인 게 아닐까. 이렇게 생각해보니 드디어 애매모호하던 것들이 명확해져간다. 그렇다. 요즘 아이들이나 젊은이들에게 부족한 것은 '사회성'이 아니라 '사회력'이 아닐까. 사회에 적응할 힘이 아니라 사회를 만들고 변혁해가는 힘이지 않을까. 그렇다면 어른 역시 사회력이 상당히 결여되어 있는 것은 아닐까.

그런 생각이 점점 명확해져 갔을 때 원고를 쓰기 시작하게 되었다. 아직 고민하거나 조사해야 할 것들이 많았지만, 더 이상 이 책의 출판을 지연시키고 싶지 않았다. 아이들의 현 상황을 운운하며 이런 저런 근거 없는 논의가 횡행하고 있었기 때문이다. 여름 방학을 이용해 단숨에 써버리기로 했다. 이 책의 논리 구성에 사용된 실험 결과나 관련된 의견들은 인지과학이나 발달심리학 전문가들의 입장에서 본다면 너무나 당연한 이야기일 것이다. 이해 방식이나 사용 방식에도 초보적인 오류가 있을지 모른다. 하지만 그 부분에 대해서는 사회학 전공자 입장에서, 인간에게 고유의 능력이 어떤 문맥으로 이해되고 활용되었는지를 고민하는 관점으로 읽어주었으면 좋겠다고 생각한다.

이 책을 쓰면서 염두에 두었던 독자들은 육아에 고민하고 있을 당사자인 젊은 아버지나 어머니들, 전국 각지에서 청소년 건전 육성에 관여하며 고생하시고 계실 많은 분들이었다. 아울러 설명 중에 여기 저기 간결하게 하기 위해 '아버지', '어머니'라고만 쓰고 있는 부분이 있는데, 제각각의 역할을 고정시킬 의도가 있었던 것은 아니다. 오해 없이 읽어주시길 바란다.

물론 요즘 아이들을 대상으로 학생 지도에 고민하고 계실 학교 선생님들도 읽어주시길 바란다. 이 책에는 도무지 이해하기 어려운 아이들의 행동에 당황해하고 있는 어른 중 한 사람으로서 아이들을 이해하는 데 도움이 될 많은 힌트가 있을 것이기 때문이다.

어떤 의미에서 이 책을 가장 읽어주었으면 하는 것은 젊은 사람들이다. 이 책 안에는 젊은 사람들 입장에서 듣기 거북한 이야기가 많을 거라고 생각한다. 하지만 그렇다고 해서 이런 책을 뭐하러 읽느냐고 내던져 버릴 것이 아니라, 듣기 거북한 곳도 포함하여 이 책 전체를 살펴보고 자신을 상대화할 수단으로 삼아준다면 매우 감사할 것이다.

자신을 상대화한다는 것은 현재의 자신을 타인의 눈으로 다시금 바라본다는 것이다. 그렇게 함으로써 만약 이 책에서 지적한 요즘 아이들이나 젊은이들의 문제점 가운데 자신에게도 해당된다고 생각하는 바가 있다면, 그에 대해 스스로 궤도 수정하고자 노력해주길 바란다. 만약 그렇다면 더할 나위 없이 기쁠 것이다. 이러니저러니 해도 결국 앞으로의 사회는 젊은 사람들이 주역이 되어 사회를 이끌어가야 한다. 그 점을 반드시 자각하고 양질의 사회력을 갖춘 어른으로 성장해주길 바란다.

1966년 설립된 이래, 지역에서의 청소년 건전 육성에 임해온 사단법인 청소년 육성 국민회의는 현재 전국적으로 "어른이 바뀌면 아이도 바뀐다"라는 캠페인을 전개하며 활동을 계속하고 있다. "어른이 바뀐다"는 것의 이미지는 다양하겠지만, 바뀐다는 이미지로 떠오르는 새로운 어른상이 이 책에서 제안하고 기대된 어른상과 동일한 것이길 바란다. 각 광역단체별 회의 및 전국의 약 2,400곳에 이르는 지자체 회의 아래 다양한 활동에 관여하고 있는 분들이 이 책에서 전개한 이야기의 논리를 잘 이해하고 육성 활동을 계속한다면 오늘날 어른들의 세계나 아이들의 세계에 공통적으로 보이는 폐쇄적 상황이 상당 부분 호전될 것이라 확신한다.

이렇게 한 권의 책을 다 쓰고 다시금 강렬히 느끼는 것은 아이들이나 젊은 세대를 제대로 길러가야 한다는 것이다. 그들을 향해 그들의 태도를 나무라고 그들의 행동에 분개하며 질책할 것이 아니라, 그들과 같은 방향을 향해 걸으면서 참을성 있게 키워가는 수밖에 없다. 필자가 이 책에 담은 메시지가 필자와 비슷한 생각을 하고 있을 어른들에게 잘 전달되길 바란다.

이 책이 세상에 나오게 된 것은 이와나미신서 편집부의 가키하라 히로시柿原寬 씨의 후의에 의한 것이다. 기획에서 원고 집필, 그리고 교정에 이르기까지 그동안의 배려에 깊이 감사드리고 싶다. 내용에 대해 제시해주신 숙제 중 몇 가지에 대해서는 미처 답변할 수 없었던 점이 마음에 남는다. 최소한 이것만은 반드시 말하고 싶다고 생각했던 쪽으로 자꾸 마음이 기울어, 결국 언급하지 못했던 것이 몇 가지 있다는 점은 부정할 수 없다. 아무쪼록 널리 양해해주기를 깊이 고개 숙여 부탁드린다.

가도와키 아쓰시

역자 후기

술자리에서 종종 우스갯소리로 늘어놓는 '믿거나 말거나' 내지는 '카더라' 통신 이야기 중에 이런 것이 있었다. 로마시대 유적을 발굴하는 과정에서 '요즘 젊은 것들은 건방져'라는 식의 낙서가 발견되었다는 이야기였다. 이것은 사실일까? 아니면 술 마시다 무료해진 누군가가 좌흥을 돋우기 위해 순간적으로 지어낸 재치 있는 입담에 불과한 것일까.

로마시대든 조선시대든 현대든, 동서고금을 막론하고 기성세대들은 이른바 '요즘' 젊은이들에 대해 다소의 위화감을 느낄지도 모른다. 이 책 역시 그런 기성세대들의 관점에서 출발하고 있다. 그러나 그와 동시에 급변하는 현대사회에서 '아이들의 사회력'을 높이기 위한 '어른으로서의 책임감'에 대해서도 열정적으로 논하고 있다. 젊은 세대를 가르치는 교육자이자 두 아이를 키우는 부모로서 공감할 수 있는 부분이 적지 않았다.

사실 결코 '사회력'이 충분하다고는 할 수 없는 필자에게는 개인적으로 큰 도움이 된 책이었다. 386의 끝자락이지만 심정적으로는 X세대에 속한다고 생각하는 필자의 경우, '사회'보다는 '나'에 대한 고민으로 청춘시절을 보냈다. 어쩌면 이 책의 저자가 한탄했던 바로 그 '요즘' 젊은 이의 모습을 하고 있었을지도 모른다. 바로 그 '요즘' 젊은 이도 나이를 좀 더 먹어보니 '사회력'이 얼마나 중요한 것 인지 깨닫게 되었다는 이야기를 하고 싶은지도 모르겠다.

'일본의 지성'을 대표하는 이와나미의 신서 번역 작업이 에이케이커뮤니케이션즈의 노력에 의해 2년 이상 계속되고 있다. 좀 더 많은 분들이 '이와나미'를 경험하시길 진심으로 기원한다.

2018년 4월

옮긴이 김수희

참고문헌

- 아오키 노부토(青木信人) 『'감정'을 상실한 아이들(「感情」をなくす子どもたち)』 세이큐샤(青弓社), 1992년
- 아사히신문사사회부 편 『어린이 신시대(子ども新時代)』 아사히신문사, 1984년
- 내일의 일본을 만드는 협회 편 『핸드북 아이를 위한 지역 만들기(ハンドブック子どものための地域づくり)』 쇼분샤(晶文社), 1989년
- 놀이의 가치와 안전을 생각하는 회 편 『좀 더 자유로운 놀이 장소를(もっと自由な遊び場を)』 오쓰키쇼텐(大月書店), 1998년
- 아다치 이쿠쓰네(安達生恒) 『'무라'와 인간의 붕괴('むら'と人間の崩壊)』 산이치쇼보(三一書房), 1973년
- 이케가미 요시히코(池上嘉彦) 『의미의 세계(意味の世界)』 일본방송출판협회, 1978년
- 이노우에 겐지(井上健治) 『아이의 발달과 환경(子どもの発達と環境)』 도쿄대학출판회, 1979년
- 이노우에 겐지·구보 유카리(久保ゆかり) 『아이의 사회적 발달(子どもの社会的発達)』 도쿄대학출판회, 1997년
- 이와사 교코(岩佐京子) 『텔레비전이 유아를 망친다!!(テレビが幼児をダメにする!!)』 코스모21(コスモトゥーワン), 1997년
- 우라 다쓰야(浦達也) 『말은 어디까지 전해지고 있을까(言葉はどこまで届いているか)』 PHP연구소, 1987년
- NHK여론조사부 편 『일본의 젊은이(日本の若者)』 일본방송출판협회, 1986년
- 오바 다케시(大庭健) 『타자란 누구를 말하는가(他者とは誰のことか)』 게이소쇼보(勁草書房), 1989년
- 오무라 쇼코(大村璋子) 『아이들 목소리가 활기찬 마을(子どもの声はずむまち)』 교세이(ぎょうせい), 1994년

- 오카모토 나쓰키(岡本夏木)『아이와 언어(子どもとことば)』이와나미서점(岩波書店), 1982년
- 오카모토 나쓰키『언어와 발달(ことばと発達)』이와나미서점, 1985년
- 오쿠노 다쿠지(奥野卓司)『컴퓨터 소년의 코스몰로지(パソコン少年のコスモロジ)』치쿠마쇼보(筑摩書房), 1990년
- 오코노기 게이고(小此木啓吾)『가정이 없는 가족의 시대(家庭のない家族の時代)』치쿠마쇼보, 1987년
- 가도와키 아쓰시(門脇厚司) 편『유대감 없는 자들(絆なき者たち)』인간의 과학사, 1975년
- 가도와키 아쓰시『어린이와 젊은이의 '이계'(子どもと若者の〈異界〉)』도요칸출판사(東洋館出版社), 1992년
- 가도와키 아쓰시·미야다이 신지(宮台真司)『'이계'를 사는 소년 소녀(「異界」を生きる少年少女)』도요칸출판사, 1995년
- 가네코 하루오(金子晴勇)『인간 안의 사회(人間の内なる社会)』소분샤(創文社), 1992년
- 가와모토 사부로(川本三郎)『도시의 감수성(都市の感受性)』치쿠마쇼보(筑摩書房), 1984년
- 가와모토 사부로『감각의 변용(感覚の変容)』분게이슌주(文藝春秋), 1987년
- 기사라기 고하루(如月小春)『도시민족의 극장(都市民族の芝居小屋)』치쿠마쇼보, 1987년
- 기시 유지(岸裕司)『학교를 기지로 '아버지의' 지역 만들기(学校を基地に「お父さんの」まちづくり)』다로지로샤(太郎次郎社), 1999년
- 구마가이 다카유키熊谷高幸『자폐증의 수수께끼·마음의 수수께끼(自閉症の謎·こころの謎)』미네르바쇼보(ミネルヴァ書房), 1991년
- 구마가이 다카유키『자폐증으로부터의 메시지(自閉症からのメッセ-ジ)』고단샤(講談社), 1993년
- 고지마 히데오(小嶋秀夫) 편『영유아의 사회적 세계(乳幼児の社会的世界)』유희카쿠(有斐閣), 1989년
- 아이들의 놀이와 마을 연구회 편『3세대 놀이 장소 도감(三世代遊び場図鑑)』아이들의 놀이와 마을 연구회, 1984년
- 사카키하라 요이치(榊原洋一)『인간의 발달이란 무엇인가(ヒトの発達とは何

か)』치쿠마쇼보, 1995년

* 사쿠라 오사무(佐倉統)『진화론의 도전(進化論の挑戦)』가도카와쇼텐(角川書店), 1997년
* 사쿠라이 데쓰오(桜井哲夫)『말을 잃은 젊은이들(ことばを失った若者たち)』고단샤, 1985년
* 사토 마나부(佐藤学)『배움 -그 죽음과 재생(学びーその死と再生)』다로지로샤, 1995년
* 사와구치 도시유키(澤口俊之)『뇌와 마음의 진화론(脳と心の進化論)』니혼효론샤(日本評論社), 1996년
* 시오쿠라 유타카(塩倉裕)『히키코모리 젊은이들(引きこもる若者たち)』Village Center출판국, 1999년
* 시모조 신스케(下條信輔)『'의식'이란 무엇일까(〈意識〉とは何だろうか)』고단샤, 1999년
* 총무청청소년대책본부『아이와 가족에 관한 국제비교조사 보고서(子供と家族に関する国際比較調査報告書)』1995년
* 소노하라 다로(園原太郎)『아이의 마음과 발달(子どもの心と発達)』이와나미서점, 1979년
* 다카노 세이준(高野清純)・가와시마 가즈오(川島一夫) 편『그림으로 읽는 심리학・발달(図でよむ心理学・発達)』후쿠무라출판(福村出版), 1991년
* 다카하시 마사루(高橋勝)・시모야마다 야스히코(下山田裕彦) 편『아동 '생활' 사회사(子どもの〈暮らし〉の社会史)』가와시마쇼텐(川島書店), 1995년
* 다카하시 미치코(高橋道子)・후지사키 마치요(藤崎真知代)・나카 마키코(仲真紀子)・노다 사치에(野田幸江)『아동 발달심리학(子どもの発達心理学)』신요샤(新曜社), 1994년
* 다지마 노부모토(田島信元)・니시노 야스히로(西野泰広)・야자와 게이스케(矢沢圭介) 편『아동 발달심리학(子どもの発達心理学)』후쿠무라출판, 1985년
* 도요다 미쓰루(豊田充)『장례식 놀이 -8년 후의 증언(葬式ごっこ一八年後の証言)』후가쇼보(風雅書房), 1994년
* 나카자와 마사오(中沢正夫)『보통 아이의 행방(フツーの子の行方)』산고칸(三五館), 1997년
* 나카지마 아즈사(中島梓)『커뮤니케이션부전 증후군(コミュニケーション不

全症候群)』치쿠마쇼보, 1995년

- 나카지마 마코토(中島誠)・오카모토 나쓰키(岡本夏木)・무라이 준이치(村井潤一)『언어와 인지 발달(ことばと認知の発達)』도쿄대학출판회, 1999년
- 노다 마사아키(野田正彰)『표백당하는 아이들(漂白される子供たち)』정보센터출판국, 1988년
- 노무라 쇼고(野村庄吾)『영유아의 세계(乳幼児の世界)』이와나미서점, 1982년
- 노로 시게오(野呂重雄)『슬픈 아이(悲しい子ども)』히토쓰바시쇼보(一ツ橋書房), 1987년
- 핫토리 사치코(服部祥子)・하라다 마사후미(原田正文)『영유아의 심신 발달과 환경(乳幼児の心身発達と環境)』나고야대학출판회, 1991년
- 하네기 플레이파크의 모임 편『모험 놀이터가 왔다(冒険遊び場がやってきた)』쇼분샤, 1982년
- 하마다 스미오(浜田寿美男)『홀로서기의 풍경(個立の風景)』미네르바쇼보, 1993년
- 하마다 스미오・야마구치 도시로(山口俊郎)『아동 생활 세계의 시작(子どもの生活世界のはじまり)』미네르바쇼보, 1984년
- 하라 히로코(原ひろ子)『아동 문화인류학(子どもの文化人類学)』쇼분샤, 1979년
- 한타 스스무(繁多進)・아오야나기 하지메(青柳肇)・다지마 노부모토(田島信元)・야자와 게이스케(矢沢圭介) 편『사회성의 발달심리학(社会性の発達心理学)』후쿠무라출판, 1991년
- 히노 게이조(日野啓三)『도시라는 새로운 자연(都市という新しい自然)』요미우리신문사, 1988년
- 후카야 마사시(深谷昌志)・가도와키 아쓰시『청소년 문화(青少年文化)』방송대학교육진흥회, 1984년
- 후지타케 아키라(藤竹暁)『텔레비전 미디어의 사회력(テレビメディアの社会力)』유희카쿠(有斐閣), 1985년
- 후지나가 다모쓰(藤永保)『발달환경학으로의 초대(発達環境学へのいざない)』신요샤, 1995년
- 후지나가 다모쓰・사이가 히사다카(斎賀久敬)・가스가 다카시(春日喬)・우치다 노부코(内田伸子)『인간 발달과 초기 환경(人間発達と初期環境)』유희카쿠, 1987년

- 마이니치신문사 편『내부보고서・편사치의 비밀(内告書・偏差値の秘密)』마이니치신문사, 1981년
- 마사타카 노부오(正高信男)『0세 유아가 언어를 획득할 때(0歳児がことばを獲得するとき)』주오코론샤(中央公論社), 1993년
- 마사타카 노부오『사람들은 왜 육아에 고민힐까(ヒトはなぜ子育てに悩むのか)』고단샤, 1995년
- 마치자와 시즈오(町沢静夫)『자기중심이 아이를 망친다(自己中心が子どもを壊す)』일본경제신문사, 1999년
- 미사와 나오코(三沢直子)『살의를 그려내는 아이들(殺意をえがく子どもたち)』가쿠요쇼보(学陽書房), 1998년
- 무라사키 후요코(村崎芙蓉子)『무순족의 편사치 일기(カイワレ族の偏差値日記)』가마쿠라쇼보(鎌倉書房), 1987년
- 요로 다케시(養老猛司)『생각하는 인간(考えるヒト)』치쿠마쇼보, 1996년
- 요시다 노보루(吉田昇)・가도와키 아쓰시・고지마 가즈토(児島和人)『현대청년의 의식과 행동(現代青年の意識と行動)』일본방송출판협회, 1978년
- Lady Allen of Hurtwood『도시의 놀이터(都市の遊び場)』오무라 겐이치(大村虔一)・오무라 쇼코(大村璋子) 역, 가지마출판회(鹿島出版会), 1973년
- Arvid Bengtsson『새로운 놀이터(新しい遊び場)』오무라 겐이치・오무라 쇼코 역, 가지마출판회, 1974년
- Ashley Montagu・Floyd Matson『'비인간화'의 시대(「非人間化」の時代)』나카노 오사무(中野収) 역, TBS브리테니커, 1986년
- Charles Wright Mills『사회학적 상상력(社会学的想像力)』스즈키 히로시 역, 기노쿠니야쇼텐(紀伊國屋書店), 1965년
- Georg Simmel『사회학의 근본 문제(社会学の根本問題)』아토지 요시오(阿閉吉男) 역, 사회사상사, 1966년
- George Herbert Mead『精神・自我・社会』이나바 미치오(稲葉三千男) 외 역, 아오키쇼텐(青木書店), 1973년
- Jeff Coulter『마음의 사회적 구성(心の社会的構成)』니시자카 아오구(西阪仰), 신요샤, 1998년
- Jacques Mehler・Emmanuel Dupoux『아기는 알고 있다(赤ちゃんは知っている)』가토 하루히사(加藤晴久)・마스모 가즈오(増茂和男) 역, 후지와라쇼

텐(藤原書店), 1997년

· Peter Ludwig Berger · Thomas Luckmann『일상 세계의 구성(日常世界の構成)』야마구치 세쓰오(山口節郎) 역, 신요샤, 1977년
· Russ Rymer『갇힌 소녀의 기록(隔絶された少女の記錄)』가타야마 요코(片山陽子) 역, 쇼분샤, 1995년
· Wayne Dennis『아동의 지적 발달과 환경(子どもの知的発達と環境)』미타니 게이치(三谷惠一) 역, 후쿠무라출판, 1991년

일본의 지성을 읽는다

001 이와나미 신서의 역사
가노 마사나오 지음 | 기미정 옮김 | 11,800원

일본 지성의 요람, 이와나미 신서!
1938년 창간되어 오늘날까지 일본 최고의 지식 교양서 시리즈로 사랑받고 있는
이와나미 신서. 이와나미 신서의 사상·학문적 성과의 발자취를 더듬어본다.

002 논문 잘 쓰는 법
시미즈 이쿠타로 지음 | 김수희 옮김 | 8,900원

이와나미서점의 시대의 명저!
저자의 오랜 집필 경험을 바탕으로 글의 시작과 전개, 마무리까지, 각 단계에
서 염두해두어야 할 필수사항에 대해 효과적이고 실천적인 조언이 담겨 있다.

003 자유와 규율 -영국의 사립학교 생활-
이케다 기요시 지음 | 김수희 옮김 | 8,900원

자유와 규율의 진정한 의미를 고찰!
학생 시절을 퍼블릭 스쿨에서 보낸 저자가 자신의 체험을 바탕으로, 엄격한
규율 속에서 자유의 정신을 훌륭하게 배양하는 영국의 교육에 대해 말한다.

004 외국어 잘 하는 법
지노 에이이치 지음 | 김수희 옮김 | 8,900원

외국어 습득을 위한 확실한 길을 제시!!
사전·학습서를 고르는 법, 발음·어휘·회화를 익히는 법, 문법의 재미 등 학습
을 위한 요령을 저자의 체험과 외국어 달인들의 지혜를 바탕으로 이야기한다.

005 일본병 -장기 쇠퇴의 다이내믹스-

가네코 마사루, 고다마 다쓰히코 지음 | 김준 옮김 | 8,900원

일본의 사회·문화·정치적 쇠퇴, 일본병!
장기 불황, 실업자 증가, 연금제도 파탄, 저출산·고령화의 진행, 격차와 빈곤의 가속화 등의 「일본병」에 대해 낱낱이 파헤친다.

006 강상중과 함께 읽는 나쓰메 소세키

강상중 지음 | 김수희 옮김 | 8,900원

나쓰메 소세키의 작품 세계를 통찰!
오랫동안 나쓰메 소세키 작품을 음미해온 강상중의 탁월한 해석을 통해 나쓰메 소세키의 대표작들 면면에 담긴 깊은 속뜻을 알기 쉽게 전해준다.

007 잉카의 세계를 알다

기무라 히데오, 다카노 준 지음 | 남지연 옮김 | 8,900원

위대한 「잉카 제국」의 흔적을 좇다!
잉카 문명의 탄생과 찬란했던 전성기의 역사, 그리고 신비에 싸여 있는 유적 등 잉카의 매력을 풍부한 사진과 함께 소개한다.

008 수학 공부법

도야마 히라쿠 지음 | 박미정 옮김 | 8,900원

수학의 개념을 바로잡는 참신한 교육법!
수학의 토대라 할 수 있는 양·수·집합과 논리·공간 및 도형·변수와 함수에 대해 그 근본 원리를 깨우칠 수 있도록 새로운 관점에서 접근해본다.

009 우주론 입문 -탄생에서 미래로-

사토 가쓰히코 지음 | 김효진 옮김 | 8,900원

물리학과 천체 관측의 파란만장한 역사!
일본 우주론의 일인자가 치열한 우주 이론과 관측의 최전선을 전망하고 우주와 인류의 먼 미래를 고찰하며 인류의 기원과 미래상을 살펴본다.

010 우경화하는 일본 정치

나카노 고이치 지음 | 김수희 옮김 | 8,900원

일본 정치의 현주소를 읽는다!
일본 정치의 우경화가 어떻게 전개되어왔으며, 우경화를 통해 달성하려는 목적은 무엇인가. 일본 우경화의 전모를 낱낱이 밝힌다.

011 악이란 무엇인가
나카지마 요시미치 지음 | 박미정 옮김 | 8,900원

악에 대한 새로운 깨달음!
인간의 근본악을 추구하는 칸트 윤리학을 철저하게 파고든다. 선한 행위 속에 어떻게 악이 녹아들어 있는지 냉철한 철학적 고찰을 해본다.

012 포스트 자본주의 -과학 · 인간 · 사회의 미래-
히로이 요시노리 지음 | 박제이 옮김 | 8,900원

포스트 자본주의의 미래상을 고찰!
오늘날 '성숙 · 정체화'라는 새로운 사회상이 부각되고 있다. 자본주의 · 사회주의 · 생태학이 교차하는 미래 사회상을 선명하게 그려본다.

013 인간 시황제
쓰루마 가즈유키 지음 | 김경호 옮김 | 8,900원

새롭게 밝혀지는 시황제의 50년 생애!
시황제의 출생과 꿈, 통일 과정, 제국의 종언에 이르기까지 그 일생을 생생하게 살펴본다. 기존의 폭군상이 아닌 한 인간으로서의 시황제를 조명해본다.

014 콤플렉스
가와이 하야오 지음 | 위정훈 옮김 | 8,900원

콤플렉스를 마주하는 방법!
「콤플렉스」는 오늘날 탐험의 가능성으로 가득 찬 미답의 영역, 우리들의 내계, 무의식의 또 다른 이름이다. 융의 심리학을 토대로 인간의 심층을 파헤친다.

015 배움이란 무엇인가
이마이 무쓰미 지음 | 김수희 옮김 | 8,900원

'좋은 배움'을 위한 새로운 지식관!
마음과 뇌 안에서의 지식의 존재 양식 및 습득 방식, 기억이나 사고의 방식에 대한 인지과학의 성과를 바탕으로 배움의 구조를 알아본다.

016 프랑스 혁명 -역사의 변혁을 이룬 극약-
지즈카 다다미 지음 | 남지연 옮김 | 8,900원

프랑스 혁명의 빛과 어둠!
프랑스 혁명은 왜 그토록 막대한 희생을 필요로 하였을까. 시대를 살아가던 사람들의 고뇌와 처절한 발자취를 더듬어가며 그 역사적 의미를 고찰한다.

017 철학을 사용하는 법
와시다 기요카즈 지음 | 김진희 옮김 | 8,900원

철학적 사유의 새로운 지평!
숨 막히는 상황의 연속인 오늘날, 우리는 철학을 인생에 어떻게 '사용'하면 좋을까? '지성의 폐활량'을 기르기 위한 실천적 방법을 제시한다.

018 르포 트럼프 왕국 -어째서 트럼프인가-
가나리 류이치 지음 | 김진희 옮김 | 8,900원

또 하나의 미국을 가다!
뉴욕 등 대도시에서는 알 수 없는 트럼프 인기의 원인을 파헤친다. 애팔래치아 산맥 너머, 트럼프를 지지하는 사람들의 목소리를 가감 없이 수록했다.

019 사이토 다카시의 교육력 -어떻게 가르칠 것인가-
사이토 다카시 지음 | 남지연 옮김 | 8,900원

창조적 교육의 원리와 요령!
배움의 장을 향상심 넘치는 분위기로 이끌기 위해 필요한 것은 가르치는 사람의 교육력이다. 그 교육력 단련을 위한 방법을 제시한다.

020 원전 프로파간다 -안전신화의 불편한 진실-
혼마 류 지음 | 박제이 옮김 | 8,900원

원전 확대를 위한 프로파간다!
언론과 광고대행사 등이 전개해온 원전 프로파간다의 구조와 역사를 파헤치며 높은 경각심을 일깨운다. 원전에 대해서, 어디까지 진실인가.

021 허블 -우주의 심연을 관측하다-
이에 마사노리 지음 | 김효진 옮김 | 8,900원

허블의 파란만장한 일대기!
아인슈타인을 비롯한 동시대 과학자들과 이루어낸 허블의 영광과 좌절의 생애를 조명한다! 허블의 연구 성과와 인간적인 면모를 살펴볼 수 있다.

022 한자 -기원과 그 배경-
시라카와 시즈카 지음 | 심경호 옮김 | 9,800원

한자의 기원과 발달 과정!
중국 고대인의 생활이나 문화, 신화 및 문자학적 성과를 바탕으로, 한자의 성장과 그 의미를 생생하게 들여다본다.

023 지적 생산의 기술

우메사오 다다오 지음 | 김욱 옮김 | 8,900원

지적 생산을 위한 기술을 체계화!
지적인 정보 생산을 위해 저자가 연구자로서 스스로 고안하고 동료들과 교류하며 터득한 여러 연구 비법의 정수를 체계적으로 소개한다.

024 조세 피난처 -달아나는 세금-

시가 사쿠라 지음 | 김효진 옮김 | 8,900원

조세 피난처를 둘러싼 어둠의 내막!
시민의 눈이 닿지 않는 장소에서 세 부담의 공평성을 해치는 온갖 악행이 벌어진다. 그 조세 피난처의 실태를 철저하게 고발한다.

025 고사성어를 알면 중국사가 보인다

이나미 리쓰코 지음 | 이동철, 박은희 옮김 | 9,800원

고사성어에 담긴 장대한 중국사!
다양한 고사성어를 소개하며 그 탄생 배경인 중국사의 흐름을 더듬어본다. 중국사의 명장면 속에서 피어난 고사성어들이 깊은 울림을 전해준다.

026 수면장애와 우울증

시미즈 데쓰오 지음 | 김수희 옮김 | 8,900원

우울증의 신호인 수면장애!
우울증의 조짐이나 증상을 수면장애와 관련지어 밝혀낸다. 우울증을 예방하기 위한 수면 개선이나 숙면법 등을 상세히 소개한다.

027 아이의 사회력

가도와키 아쓰시 지음 | 김수희 옮김 | 8,900원

아이들의 행복한 성장을 위한 교육법!
아이들 사이에서 타인에 대한 관심이 사라져가고 있다. 이에 「사람과 사람이 이어지고, 사회를 만들어나가는 힘」으로 「사회력」을 제시한다.

아이의 사회력

초판 1쇄 인쇄 2018년 5월 10일
초판 1쇄 발행 2018년 5월 15일

저자 : 가도와키 아쓰시
번역 : 김수희

펴낸이 : 이동섭
편집 : 이민규, 오세찬, 서찬웅
디자인 : 조세연, 백승주
영업·마케팅 : 송정환
e-BOOK : 홍인표, 김영빈, 유재학, 최정수
관리 : 이윤미

㈜에이케이커뮤니케이션즈
등록 1996년 7월 9일(제302-1996-00026호)
주소 : 04002 서울 마포구 동교로 17안길 28, 2층
TEL : 02-702-7963~5 FAX : 02-702-7988
http://www.amusementkorea.co.kr

ISBN 979-11-274-1478-8 04370
ISBN 979-11-7024-600-8 04080

KODOMO NO SHAKAI RYOKU
by Atsushi Kadowaki
Copyright © 1999 by Atsushi Kadowaki
First published 1999 by Iwanami Shoten, Publishers, Tokyo.
This Korean edition published 2018
by AK Communications, Inc., Seoul
by arrangement with the Proprietor c/o Iwanami Shoten, Publishers, Tokyo.

이 도서의 국립중앙도서관 출판예정도서목록(CIP)은 서지정보유통지원시스템 홈페
이지(http://seoji.nl.go.kr)와 국가자료공동목록시스템(http://www.nl.go.kr/kolisnet)
에서 이용하실 수 있습니다. (CIP제어번호: CIP2018012192)

*잘못된 책은 구입한 곳에서 무료로 바꿔드립니다.